Active Learning 1st Step

アクティブラーニング入門

小林 昭文
産業能率大学教授

産業能率大学出版部

はじめに

「次の学習指導要領にアクティブラーニングが盛り込まれるらしい」

「いったい、アクティブラーニングって何だ?」

「新しい特殊な方法で授業をしなくてはならないのだろうか?」

　昨年（二〇一四年）十一月のニュースで「アクティブラーニング」という言葉を聞いて驚いた方や不安になっている方が多いのではないでしょうか。この本はそんなみなさんのために書きました。

　正確な言い方をすれば、これから私たちがやらなくてはならないことは「アクティブラーニング型授業（＝ＡＬ型授業）」なのですが、これは小学校・中学校・高校ではそれほど新しいものではありません。また、意識しなくてもすでに皆さんが見たり、聞いたり、実践してきている授業がＡＬ型授業であるといえる部分もあるのです。

　同時に、敢えて文部科学省がこの言葉を使っている理由は、時代に即応した授業が求められているからであり、これまでとは違う方法を開拓する必要もあります。この本では、それらについても解説しました。

　私は、まだアクティブラーニングという言葉が日本に入っていなかった二〇〇七年から、今でいうＡＬ型授業を高校物理で開発し、実践してきました。高校で六年間この授業を実践し続けて、定年退職しました。

はじめに

その後、河合塾教育研究開発機構研究員として実践と研究を続け、産業能率大学経営学部教授として大学でＡＬ型授業を実践しています。その傍ら、全国の多くの学校や教育委員会でＡＬ型授業に関するワークショップ型研修会の講師も務めてきました。それらの体験を基に、現場の先生たちの不安を解消し、楽しんで授業改善に取り組んでいただけるようにしたいと思っています。

本書をどう書けば良いかで悩みました。その考えの過程を示して、この本の構成を紹介することにします。

数年前に私の授業を初めて見た先生が「私の授業の常識をことごとく壊されました」と言いました。どきりとしました。思わず「すみません」と謝ってしまいました。しかし、その先生や周りの先生たちは次のように続けました。

「いやいや、文句を言いたいのではありません。あの授業を見たら、私たちが今まで常識だと信じて疑わなかったことが、違うかもしれないという気になったのです」

「板書もしない、ノートもしないで授業が成立するわけがないと思っていました。でも、小林さんの授業は成立している。というより生徒はとても熱心に取り組んでいます。板書・ノートも見直せると思いました」

「おしゃべり、立ち歩きを推奨するなんて無茶苦茶だと思いました。でも、生徒があんなに楽しそうに集中してやっているのをみると、これもありかな、試してみようかなという気になりました」

要するに、「破天荒な授業」という「事実」が、それを見た先生たちに「気づき」を促したということです。先生たちの授業改善の「ヒント」になったということです。（私の授業が正解や見本ということではありません）

私はこの本でこれを再現したいと思っています。読者の皆さんが、私の授業がどんな風に行われていたかを読み進めるうちに、色々な気づきを得て、「ちょっとやってみようかな」「今まで何となくやってきたことを検討してみようかな」という気になっていただけることを期待しています。

一つのテーマごとに四ページで構成し、どこから読んでいただいても良いように書いています。授業の空き時間や通勤途中の電車の中などで気軽にお読みください。

二〇一五年四月　小林　昭文

もくじ

はじめに ―― i

1章 アクティブラーニング 概説

01 簡単な自己紹介 ―― 2
02 授業改善と授業改善運動 ―― 6
03 定年退職後の私 ～様々な組織とのつながり ―― 10

2章 アクティブラーニングとは何か? AL型授業の定義・機能・効果

01 AL型授業の定義と機能 ―― 16
02 AL型物理授業の概要 ―― 20
03 AL型授業の効果 ―― 24

3章 授業改善の意義と背景

01 本質を鋭く表現している文部科学省のポスター 30
02 アメリカの動きとラーニングピラミッドの衝撃 34
03 AL型授業はキャリア教育の機能も持つ 38
04 教師の役割変更 42
05 授業改善の根本的な意義 46
06 生徒と共に教師も成長できる授業改善 50

4章 アクティブラーニング型授業の始め方

01 AL型授業入門講座 56
02 コルブの経験学習モデル 60
03 安全安心の場づくりの重要性 64
04 授業の目的を設定する 68
05 コンセンサスゲームで仲間づくり 72

5章 アクティブラーニング型高校物理の実際

01 生徒を迎える 78
02 態度目標（ルール）と内容目標の設定 82
03 時間節約の方法～プリント配布のしかた 86
04 最初の15分間の説明で気を付けていること① 90
05 最初の15分間の説明で気を付けていること② 94
06 問題演習の際の練習問題の作り方 98
07 問題演習時のグループへの介入方法 102
08 振り返り 106
09 確認テストの構造 110
10 グループワークについて① 放任型の問題点 114
11 グループワークについて② 干渉型の問題点 118
12 グループワークについて③ 「質問による介入」の効果 122
13 グループワークについて④ 定説はまだない?! 126

あとがき 130

1章 アクティブラーニング概説

ここでは第2章以降の詳しい授業解説を読んでいただく前に必要な授業の全体像の説明と簡単な自己紹介をします。

01

簡単な自己紹介

ここでは、第二章以降の詳しい授業紹介を読んでいただく前に、授業の全体像をざっくりと理解していただこうと思います。それに必要な程度の自己紹介に留めます。

変化に富んだキャリア形成

私は埼玉大学の理工学部物理学科に入学しました。アインシュタインにあこがれ、宇宙論を専攻し、いずれはノーベル賞をとりたいと思っていました。ところが、ひょんなことから体育会の空手部に入部してしまいました。空手に夢中になった私は、空手の為に三年間留年し、とうとう卒業後は空手家として生活することにしました。当時の生活は今思い出しても楽しい生活でした。宮本武蔵や千葉周作のような名人・達人になろうと日夜励んでいました。

しかし、その後、身体を壊し、精神的にも落ち込み、武道家の道をあきらめた時に生活のために選んだのが高校教師の道でした。色々な偶然と幸運が重なって、当時の年齢制限ぎりぎりの三五歳で埼玉県の公立高校教員に採用されました。

自己紹介

物理学（相対性理論と宇宙論）を志した中高、大学生時代

空手の修行に明け暮れた大学生時代→３０代後半

高校教師になってから勉強した、カウンセリング、キャリア教育、コミュニケーション教育

現在の研究の中心は…
「ワークシートによるグループワーク」
「メンタリング」「アクションラーニング」
「選択理論」「サーバント・リーダーシップ」
「ワークショップ型の物理の授業」

01　簡単な自己紹介

空手の経験が見込まれたのか、最初に赴任したA高校は県内有数の「荒れる学校」でした。そこでは当然のように生徒指導部に配置され、乱暴な高校生たち相手に「コワモテ」の指導をしていました。ところがある時、生徒指導主任のセンパイに叱られました。「お前、そんな態度でいると、そのうち手が出て体罰で馘首（クビ）になるぞ」

「センパイ何言ってんですか。あんなヤツらに力で対抗する以外、手はないですよ」

これに対してセンパイは言います。

「これからはカウンセリングの時代だ。勉強してこい」

一九八八年、カウンセリングブームが訪れる前のことです。私はカウンセリングの意味さえ理解できませんでしたが、このセンパイのことは信頼していましたから、それから十年、カウンセリングの勉強に集中しました。この時期の体験が、私のその後の人生を大きく変えました。人生観も人間観も変わっていきました。カウンセリングは主に実存派のカウンセリングを学び、グループダイナミクスに興味を持ち、構成的グループエンカウンターや非構成的エンカウンターグループを学んでいきました。

A高校には一一年も勤務しました。生徒指導主任を経て、教育相談係になり、スクールカウンセラー導入の仕事を担当したこともありました。

キャリア教育との出会い

次のB高校では「キャリア教育」のプログラム開発を担当しました。この時に開発した「ワークシートによるグループワーク」では、生徒は誰も居眠りせず、物理の時間の「居眠り防止」に悪戦苦闘していた私は、これは大きなヒントだと思いました。しかし、キャリア教育では知識習得はあまりありませんが、物理ではたくさんの知識習得は必須です。「どうすれば物理授業に応用できるのか?」と問い続けました。

このような自分への問いかけは次のC高校でも続きました。この時にマイクロソフト社のパワーポイントを使えるようになり、アクションラーニングのコーチ資格も取得し、更に、カール・ロジャースの「学習者中心の教育」という概念を知りました。あとで振り返ると、これらの一つひとつがAL型物理授業の骨格になっていきました。

最後の勤務校である埼玉県立越ヶ谷高校に赴任したときには、定年退職まであと六年、そこで五五歳になる年に最後の挑戦をしました。結果は大成功。「居眠り皆無」「成績向上」「選択者倍増」等の成果が上がりました。それだけではなく、私にとってはここから様々な新しい学習が始まりました。キャリア教育、学習理論、ビジネス界の理論とスキル・・私にとっては「授業改善」が人生の目覚めと言っても良いほどです。

02

授業改善と授業改善運動

私が自分の物理授業を大幅に変更したのは二〇〇七年でした。その当時は「アクティブラーニング」という言葉もありませんでした。そんな時代でしたから、様々な反感も招き、陰口もずいぶんと伝わってきました。私の取り組みは全く個人的なものでしたから、あのまま一人ぼっちだったらどこかでやめていたかもしれません。私にとってラッキーだったのは、仲間がいたことです。同じ年に越ケ谷高校に赴任してきた生物のA先生と英語のB先生です。

A先生は初任者でしたが、大学院で教育学を専攻していただけあって、この分野に関して多くの知識を持っていました。私は、彼に多くのことを教えてもらいました。そして、この分野にこんなに多くの研究があると知って驚きました。

B先生は中堅で、進学校でバリバリの指導をしてきた人でした。その時代には珍しくPCとプロジェクターを用いて英語の授業を実践していました。ICT機器にも詳しい人でした。この二人と協力して授業改善に取り組めたことが私の基盤になっていきました。

授業研究委員会の発足

そのB先生が、校長の指示を受けて新しく「授業研究委員会」を立ち上げ、委員長に就任しました。そのB先生に「ぜひ委員会に入ってください」と依頼されました。私は、ありがたいこの依頼を「校長に聞いてからね」と答えを保留しました。今考えてみるとB先生には大変失礼なことをしました。

校長に話したのは次のことでした。

「成績向上の方法は二つあります。一つは補習・宿題・ペナルティーなどを強化して、生徒を追い込むことです。即効果が出ます。もう一つは生徒の学習意欲を上げることです。これには少し時間がかかりますが、本来の教育だと思っています。校長の方針はどちらですか？前者なら私は委員会に入りません。後者なら喜んで参加します」

「後者だ」

「ありがとうございます。委員会に参加させていただきます」

口数の少ない校長のひと言には重みがありました。

委員会の活動でわかった組織の力

委員会の仕事は「研究授業と研究協議を企画運営すること」「授業研究週間を活性化すること」「授業評価方法を改善すること」が主で、これらはいずれも難題でした。「アラ探しされるための授業者はやりたくないなあ」「研究協議は吊し上げだもの。そんなことを委員会としては運営したくないなあ」「どの授業も見に行って良い授業研究週間と言われても、行きにくいよね」等々の壁がありました。これをどうやって乗り越えるか、みんなで考え続け、試行錯誤を続けました。その結果、「対話を促進する授業見学ワークシート」、「授業者を傷つけない振り返り会／全員が気づきを得る振り返り会」、「見に来てくださいカードと一覧表」などの新しい手法を編み出して、かなりの成果をあげました。

授業改善と組織開発は車の両輪

それらの活動をしながら、私は「組織的に取り組めば質的向上と継続性は実現する」ということがわかってきました。更に、「教科科目を超えて語り合うほうが学びが大きい」「コンテンツ（内容）よりプロセス（過程）に注目することが大事」などもわかりました。

教科を超えた
組織的研究
授業者を傷つけない
振り返り会
継続的な研修会
コンテンツより
プロセスを重視した
授業研究
授業
改善
組織
開発

03

定年退職後の私

～様々な組織とのつながり

二〇一三年三月に埼玉県公立高校教員を定年退職しました。多くの同僚は当然のように「再任用（再雇用）」の道を選びました。私もそうしたい気持ちは山々でしたが、説明会で、私にとって再任用は不自由と感じ、断念しました。

「再任用は希望しません」と宣言すると、「それなら」と、ある企業から大変楽しそうな仕事でお誘いを受けました。二つ返事で引き受けたのですが、会社の方針が変わりその仕事がなくなってしまいました。次に別の教育関係からいただいた話も具体化する段階で行き詰ってしまいました。退職金でしばらくは生きていけるとは思っていましたが、それにしても「老後の不安」を切実に感じていた日々でした。

河合塾教育研究機構研究員

退職後の仕事をどうするかは紆余曲折があったのですが、大手予備校「河合塾」から研究員のお誘いをいただきました。その数年前から、河合塾とはＡＬ型授業を軸にお付き合いはありましたが、このような声を掛けてもらえるとは思っていませんでした。任務は「ＡＬ型授業に関する理論研究、情報収集、啓発活動」です。かなり自由に活動させてもらえるのは、拘束されることが苦手な私にはとてもありがたいことでした。河合塾の内外でＡＬ型授業に関する指導や研究をすることになりました。

河合塾では合わせて、河合塾コスモ名古屋で週一回「物理基礎」の授業を持つことになりました。高校卒業認定試験を経て大学等を目指す人のためのコースです。この年の四月から新築移転した校舎で、大型電子黒板を使えることも魅力でした。

続けて、日本教育大学院大学から大学院でＡＬ型授業の手ほどきをして欲しいと依頼があり、「アクティブラーニング特論」という講座を担当しました。これは格別に楽しい授業となりました。院生諸君はメキメキと腕をあげます。すでに、私よりもうまいのではないかと思う授業を作り出した院生が何人かいます。

産業能率大学経営学部教授としての私

それからしばらくして、産業能率大学から仕事のお話をいただきました。求められたのは経営学部内に新設されたビジネスリーダーコースの中で「アクションラーニング」を軸としてリーダーシップ・スキルを育成する授業でした。アクションラーニングは「質問」を中心とした会議法です。この手法は私のＡＬ型授業の基盤です。その経験から社会人のみならず、教師にも学生にも必要な手法であると捉えていました。これを実践できることはとても魅力的だったのでお引き受けしました。

大人数相手のＡＬ型授業開発に夢中の毎日

実際に始めてみると予想外のことが次々におきました。前期に担当した「リーダーシップベーシック」では、五十人の学生にアクションラーニングセッションをさせるのですが、本来は数名に一人コーチが必要です。これを乗り越えるのに役立ったのは、高校教諭時代に開発した「ワークシートによるグループワーク」の手法でした。また、後期に担当した「ロジカルシンキング実践」では、九十三人の学生に対するＡＬ型に挑戦しました。ここではＡＬ型物理授業で鍛えたパワポとプリントによる短時間の解説とグループに対する「質問による介入」、そして「振り返り」が役立ちました。高校教諭時代に開発したことが大学でも役立つことはうれしいことでしたし、その理論的研究にも役立っています。

研修会講師としての全国行脚

私は、前述した仕事の合間を縫って教育委員会や高校での研修会に伺っています。

昨年は一年間で約百回の講師を務めました。出かけてみると、すでに多くの先生たちがＡＬ型授業を実践されています。質問を受け、一緒に考えていくうちに私の理解も深まります。ただ、限られた時間ではなかなか全てを語ることができません。この本では、研修会ではお伝えできなかったことを丁寧に述べてあります。研修会の復習や予習に使っていただけるとありがたいです。

私のこのような動きを、進路情報誌「キャリアガイダンス」（リクルート社）が何度も記事にしてくれました。二〇一五年四月からは連載も始まります。「日本教育新聞社」は、「アクティブラーニングが授業を変える」と題した連載を一年間掲載してくださいました。それ以外にも様々な教育関連の組織が声をかけてくれています。

私は、現在の世界的な大変動の中で日本と日本人が生き抜いていくためには、学校教育の大改革が必要不可欠だと感じています。そのことを多くの人に理解してほしいと思っています。学校関係者のみならず、企業や地域の方にも理解してもらい、流派や理論の壁を越えて、この動きが大きな国民運動になることを期待しています。以前の学生運動のようにセクト主義に陥って対立・分裂して力を減じることを恐れています。

この本が多くの皆さんをつなげることを期待しています。

2章

アクティブラーニングとは何か？

ＡＬ型授業の定義・機能・効果

この章では、第三章以降で具体的に展開する授業改善の基盤となっている考え方や実際の授業の構造について概説します。

01

AL型授業の定義と機能

アクティブラーニングの定義

まずは「アクティブラーニング」の定義を確認します。様々な言い方がありますが、私は次の定義を採ることにします。

「一方的な知識伝達型講義を聴くという（受動的）学習を乗り越える意味での、あらゆる能動的な学習のこと。能動的な学習には、書く・話す・発表するなどの活動への関与と、そこで生じる認知プロセスの外化を伴う。

【出典「アクティブラーニングと教授学習パラダイムの転換」東信堂】

この定義で重要なことは二つあります。一つは、どんなに上手な講義であっても生徒や学生がただ聴いているだけの状態は「受動的学習」であるとしたことです。「聞いているだけでわくわくする、とても勉強になるような名講義もある。そういうときには生徒にはアクティブラーニングがおきていると言える」という意見を否定していることです。もう一つは、これは学習の区別であることとです。学習には「受動的学習」

と「アクティブラーニング」があると言っているだけです。私たち授業者側からいえばどんな授業をするかが大事です。これについて溝上氏は次のように述べています。「学習者にアクティブラーニングが起きることを含む全ての授業形式。（形式・スキルの縛りがない→実践者にとって有利）」

私はこれを受けて私たちが実現すべきことは「アクティブラーニング型授業（AL型授業）」であると捉えることにします。

この定義の特徴は「特定の構成、構造、スキル」などに限定していないことです。くだけた言い方をすれば「百パーセント、ワンウェイでないならAL型授業と言える」ということです。実際問題として考えてみてください。五十分の授業の中で、最初から最後まで先生が話し続けて、生徒たちをぴくりとも動かさず、ひと言も話をさせないという「完璧なワンウェイ授業」ができる先生はそうはいないはずです。ということは、実はほとんどの先生は毎日、AL型授業をやっているということになります。「席は普通に教室型だけど…」「グループワークはやったことないけど…」などの不安な声も聞こえてきそうですが、溝上氏の定義にはそんな縛りは何もありません。もちろん、講義を否定してもいません。むしろ、溝上氏は「講義がなくなることはないだろう」とも言っています。

01　ＡＬ型授業の定義と機能

アクティブラーニングの新しい定義

一方的な知識伝達型講義を聴くという（受動的）学習を乗り越える意味での、あらゆる能動的な学習のこと。能動的な学習には、書く・話す・発表するなどの活動への関与と、そこで生じる認知プロセスの外化を伴う。（溝上慎一 2014）

【出典「アクティブラーニングと教授学習パラダイムの転換」東信堂】

この定義で大事なことは、「どんなに面白い講義でも生徒が黙って聞くだけではアクティブラーニングは起きない！」としたこと。

AL型授業（アクティブラーニング型授業）の定義

学習者にアクティブラーニングが起きることを含む全ての授業形式。（形式・スキルの縛りがない→実践者にとっては有用）

【出典「アクティブラーニングと教授学習パラダイムの転換」東信堂】

私たちが目指すべきこと

私がみなさんに強く伝えたいことはＡＬ型授業をそれほど恐れることはないということです。定義に沿って考えれば、みなさんがこれまでにやってきた授業なのです。

これから生徒にアクティブラーニングが起きる時間を少しずつ増やしていくことが、私たちが目指すべきことなのです。できることなら、より深い学習が起きるようなしくみやしかけ、生徒への働きかけ方を工夫していくことです。この本はその工夫のヒントを示すことが目的です。

定義と機能

定義に関わって提案したいことがあります。しばしば「ＡＬ型授業はキャリア教育だ」という声を聴きます。これは定義と機能の混同です。「ＡＬ型授業はキャリア教育の機能をもつことができる」と言うのが正しいです。こうすると「居眠り防止の機能に重点を置いたＡＬ型授業」や「学力向上の機能を重視したＡＬ型授業」「インクルーシブ教育の機能を強化したＡＬ型授業」などができます。それぞれの学校や地域の課題に応じて必要な機能を強化したＡＬ型授業を開発していくことが大事になります。

02 ＡＬ型物理授業の概要

定義に従えば、具体的には多くのＡＬ型授業が存在することになります。私の物理授業もそのうちの一つです。ここではその概要を述べることにします。

小林の物理の概要

私が勤務していた越ヶ谷高校は六五分授業を実施していました。そこで私はその六五分を「説明一五分」「問題演習三五分」「振り返り一五分」の三部構成にしていました。全体像は左ページの図を参照してください。詳細は第三章以下で詳述します。ここでは特徴的な点だけに触れておくことにします。

最初の「説明一五分」で最も特徴的なことは「板書とノートがないこと」です。私は説明するべき内容などは全てパワーポイントの中に取り込んでスライドを作っていました。そして、授業ではプロジェクターを用いてこれを投影します。これによって板書なしの説明を実現しました。また、投影しているスライドの全てを印刷し、プリントとして生徒に渡していたので、生徒は板書をすることなく私の説明を聞くことが

小林の物理の授業プロセス

❶ 学習内容の説明（15分間）

（1）パワーポイント&プリント配布
（2）インタラクティブ・
　　インストラクション
　　（双方向のやりとりを重視）

板書も
ノートもない
↓
時間の効率化

❷ 問題演習（35分間）

（1）問題と解答・
　　解説プリントを配布
（2）ピア・ラーニング

質問、
おしゃべり、
立ち歩き自由。

❸ 振り返り（15分間）

（1）確認テスト
（2）相互採点
（3）リフレクション・カード記入

満点が目標!
必ず目標を
基に振り返る。

教師の役割

（1）ルール・目標を
　　提示する。
（2）コンテンツより
　　プロセスを重視。
（3）安全・安心の場を
　　つくる。
（4）生徒の自主性を促す。

教師の働きかけ

（1）質問中心。
（2）気づき
　　（リフレクション）を促す。
（3）全体、グループ、
　　個人に対して適切な
　　介入をする。

目　　的……………………科学者になる
目　　標……………………科学的対話力の向上
態度目標（ルール）……しゃべる、質問する、説明する、動く（立ち歩く）、
チームで協力する、チームに貢献する

できました。

次の「問題演習三五分」では、四～五題の練習問題を印刷して生徒たちに渡していました。同時に別紙には全ての練習問題の解答と解説も印刷して渡していました。生徒たちは、この練習問題を三五分以内に全部解きます。この時間に重要なのが態度目標（ルール）であり、この時間の後に行う「確認テスト」で「チーム全員が百点をとる」という目標でした。この態度目標に沿って生徒たちは質問し、教えあい、立ち歩きます。わかっている生徒は友達に教えに行きます。わからない生徒は「わからない。誰か教えて！」と助けを求めます。この時間は騒然としていました。立ち歩く生徒も多いので、この時間に教室に入ってきた先生は担当の私がどこにいるかわからないということがしばしば起きるほどでした。

そして、時間が来ると「振り返り一五分」に入ります。最初は確認テストです。私は毎回正面のホワイトボードに「確認テスト　〇時〇分～」と示しておきました。この時間を厳守します。まだ終わっていない生徒がいても構うことなくテスト用紙を配布します。「話をやめろ」「静かにしろ」とは一言も言わないのですが、生徒たちは先ほどまでの騒然とした状態とは打って変わって、水を打ったように静かになります。それほど集中して確認テストに取り組みます。

確認テストが終わると交換して「相互採点」です。これにも細々としたルールを設定しているのですが、後述することにします。採点が終わると「リフレクションカードの記入」です。質問はおおむね三つです。第一は「態度目標に沿って、質問したり説明したりチームで協力して学習できましたか?」という質問です。第二は「学習内容についてわかったことは何ですか? わからなかったことは何ですか?」と言う質問です。第三は「その他なんでも。意見やアイデアなど」としていました。

生徒たちは、このリフレクションカードもとても真剣に書いていました。最後は、このリフレクションカードと採点済みの確認テストを提出して解散です。

毎回同じパターンの授業

よく質問をうけるのは「その授業を一年の中で何回くらい実施するのですか?」でした。私はこの形式の授業を一年間通して毎時間、行っていました。その結果、「居眠り皆無」「成績向上」「選択者倍増」等の成果をあげました。

また「それで教科書が終わるのですか?」との質問も数多くうけます。私の授業の進度は年を重ねるごとにどんどん早くなりました。旧課程の「物理Ⅱ」は四月に始めて、教科書の全ページを解説して十一月第一週には終了していました。

03

ＡＬ型授業の効果

ＡＬ型物理授業を実践する前は「居眠り防止」が最大のテーマでした。それだけのために工夫していたといっても過言ではありません。しかし、実際には次々に生徒の変化が表れてきました。これを概説します。

ＡＬ型物理授業の効果

私は、新しい物理授業を始めると同時に、毎回生徒たちに「リフレクションカード」を書かせました。生徒が授業中に体験したことを振り返り、「気づき（リフレクション）」を得るためです。同時にこれは私が生徒理解をする材料になり、貴重な記録にもなりました。その主な感想が左の図です。居眠りが皆無になっただけでなく、「楽しい」「集中できる」「よくわかる」などが続出しました。総合選択制で講座ごとにメンバーが異なるシステムの中で、生徒たちは物理の時間に友達を作っていきました。

「先生に教えてもらうより自分でわかる方がうれしい」「友達になら質問できる」「友達に教えるともっとよくわかる」などの感想は私の授業観を大きく変えました。

実験的授業の効果（生徒達の声）

1時間集中して
できた☆

まわりの人が
教えてくれた♡
楽しかった!!!

よくわかった!

楽しく
勉強できるから
やる気がでる。

やっと1人
友達できた。

生徒同士で
質問するから、
両方が学べること。

先生に教えられて
気づくよりも、自分で
考えてわかった
喜びの方が大きかった。

今さら、
先生に聞けないことも
友達に聞けた!

難しい問題が
わかった。

クラスの
雰囲気が和む。

自分たちで
やりかたを
発見したこと。

教えることで
もっと
良く理解できた。

私の授業観を変えた三種類の感想

リフレクションカードに書かれた感想のうち次の三つは私の授業観に大きな影響を与えました。まず「先生に教えてもらうより自分でわかる方がうれしい」です。私は生徒に物理の楽しさを語り、難しい問題を黒板で解説することが好きです。しかし、生徒は「それよりも自分でわかる方が良い」と言うのです。試しに説明時間を減らし、生徒たちが考える時間を増やすと「自分でわかるからうれしい」が続出しました。少しショックでしたが、その事実を大事にすることにしました。

次は「友達になら質問できる」です。いつも「わからないことがあったら質問するように」「質問はありませんか?」と言ってきましたが、これは無意味だったのです。講義の最中に質問なんてできないのです。それなら、質問できる時間としくみをつくろうと心掛けました。

最後は「友達に教えるともっとよくわかる」です。グループワークをすると下位層の生徒の成績はすぐに上がります。この感想が上位層から出てくることが大事です。「教えることは自分のため」と生徒たちはあっさりと理解します。私が教えるより友達の説明の方が理解しやすいとも言います。これもショックでしたが、それに合わせた授業のしくみをつくることにしました。

AL型授業の成果

どんなに楽しい授業でも「教科書が終わらない」「大学受験に役立たない」では生徒たちは不安です。私はこのことを強く意識していましたが不安でもありました。

しかし、その不安は杞憂に終わりました。センター試験の平均点は徐々に確実に向上していきました。更に物理選択者数も増加しました。三年生の「物理Ⅱ」は三倍増、二年生の「物理Ⅰ」は二倍増でした。先輩から後輩への口コミの効果も大きいようでした。また、外部からの見学者や雑誌等の取材の増加は、生徒たちの自信にもなりました。しばらくすると、私は外部で研修講師を務めることも増えました。その外部での講師や出前授業は、私にとってスキルの見直しに役立ちました。

そして何より成果として上げたいのは、毎日放課後、生徒たちが自主的に物理室に集まったことです。彼らが「ふぃじ☆かふぇ」と名付けた学習会は毎日続きました。そこで生徒たちは、友達たちと協力して学ぶ楽しさと効果を味わいました。卒業生から「大学に行っても同じように勉強しています」の声を聞き、生涯学習の基盤づくりにも貢献できたのではないかと自負するところです。

3章 授業改善の意義と背景

この章では授業改善の意義や背景、参考となる理論などを紹介します。私自身がＡＬ型物理授業を開発・実践する過程で、大きなヒントになったり、自信がついたりしたものです。みなさんの授業改善にも役立つと思います。

01
本質を鋭く表現している文部科学省のポスター

現在（二〇一五年）の学習指導要領の目玉は「言語活動の充実」と「思考力・判断力・表現力の育成」です。この内容を実に的確に示した三枚組のポスターがあります。（左図）文部科学省が作成したものです。これを読み解くことにします。

まず三枚とも最上部に「思考力・判断力・表現力等を育むために」「例えばこんな言語活動で授業改善」とあります。これは「言語活動なしには思考力・判断力・表現力などを育成できない」ということを明言しています。

具体的に見ていきます。まず一枚目では「一斉授業だけではなく…」「ペアで意見交換する」などを提言しています。私はこの「…」の部分を「一斉授業だけやっていてはダメですよ」と言いたいのだろうと解釈しました。そうすると、「一斉授業だけではダメですよ」、「ペアで意見交換したり」「付箋を使って話し合ったり」「ホワイトボードを話し合ったり」してくださいと読み取れます。

こう読み解くと、二枚目では「先生が説明するだけではダメですよ」、三枚目では「板書をノートに写すだけではダメですよ」となります。実に強烈なメッセージです。

思考力、判断力、表現力等を育むために
例えばこんな言語活動で授業改善
～考えを深める場面で～
一斉授業だけでなく…
ペアで意見を交換する
付箋を使って話し合う
ホワイトボードを使って話し合う
生徒一人一人が自分の考えをもち、他者の考えとの共通点や相違点を意識しながら考えを深めていくような言語活動を充実しましょう。

思考力、判断力、表現力等を育むために
例えばこんな言語活動で授業改善
～書く場面で～
板書をノートに写すだけでなく…
レポートにまとめる
ICTを活用する
新聞にまとめる
生徒が集めた情報を整理・分析し、論理的にまとめて表現するような言語活動を充実しましょう。

思考力、判断力、表現力等を育むために
例えばこんな言語活動で授業改善
～発表の場面で～
先生が説明するだけでなく…
生徒が説明する
立場を決めて討論する
製作物を使って発表する
（ポスターセッション）
生徒が自分でまとめた事柄などについて説明したり、相手の立場や考えをお互いに尊重して話し合ったりするような言語活動を充実しましょう。

理念には大賛成

自分でＡＬ型物理授業を開発実践していくうちに、このポスターに書いてあることが「その通りだ！」と感じることが次々に起きました。「板書しない・ノートもしなくてよい」説明をしていると、これまでよりも生徒の集中力は上がります。居眠りする生徒はいなくなるのです。私が一人ひとりの生徒に説明して回るよりも、あちこちで生徒が生徒に説明している方が、早く全体の理解が広がるのです。だから、このポスターを見た時に「大賛成！」と発言していました。

しかし、そういう私に対して同僚から様々な反対意見が出てきました。それも私には理解できます。現場の先生たちの不平不満の代表的なものは次のようなものでした。

「説明しなくては生徒が理解できるわけがない。俺の説明の方がうまいんだから」
「今まで私語がない授業をしろと言ってきたのに、なぜ否定されるのか」
「新課程で分厚くなった教科書をこなし、その上に話し合いや発表時間などとれない」

前の二つは現場に理念や必要性が十分に伝わっていないことを表しています。後者は目標が示されたものの、その方法が見えないことへの不安や不満があることを表しています。

現場の腕の見せ所

私は、文部科学省が教育の方針を提示することは当然だと思う一方で、それを具体化する方法を文部科学省が懇切丁寧に手ほどきしてくれる必要はないと思っています。なぜなら、そこから先は私たち現場の教員の役割だからです。

実は私は前の学習指導要領の時、それができなかったことに対する忸怩《じくじ》たる思いがあります。「教え込む量を大胆に減らして、生徒たちが自ら積極的に学ぶようにする」という理念は素晴らしいと思っていましたが、それをどう実現すればよいのか思いつきませんでした。少し遅れましたが、ようやくその方法を見つけたと感じています。生徒のストレスは軽減し、学習意欲は向上し、生徒たちは自主的に学習するようになり、そして着々と成績も向上していったのです。文部科学省のこのポスターの主張は私にとって、大きな導きの糸であると同時に、私が実践していることの確信と自信を与えてくれました。

02 アメリカの動きとラーニングピラミッドの衝撃

文部科学省のポスターと同じくらい私に衝撃と自信を与えてくれたのが、アメリカの動きでした。

講義は時間の浪費？

二〇一二年五月にスタンフォード大学メディカルスクールで「講義を廃止するという提案をした」というニュースが伝わってきました。そのニュースの中に「現代では、講義はむしろ貴重な時間の浪費ではないのか？」とのコメントがありました。「すごいことを言うなあ」「アメリカのやることは大胆だなあ」と驚きました。

組織全体で大胆な改革をすることには驚きましたが、「講義は時間の浪費ではないか？」という意見には賛成でした。二〇〇七年度からＡＬ型授業に取り組んでいた私は、徐々に講義の時間はあまり効率が良くないのではないかと感じ始めていました。理由は二つあります。一つは、講義が長くなると生徒たちの集中力が明らかに低下していくからです。もう一つは、私の講義が長くなると「貴重な生徒同士の話し合いの時間」が減ってしまうからです。講義の時間より問題演習の時間の方が生徒たちの集中力は高いと感心していました。

私の授業では、パワーポイントとプロジェクターを用いて板書の時間をゼロにし、投影しているスライドの内容は全て印刷して配布することで、ノートもなくしました。これに対して生徒の反応は非常に肯定的でした。

「あわてて書き写さないでいいから、先生の話に集中できる」

「先生が板書終わるのを待っている時間がないから気持ちいい」

などの感想が続出しました。ただこう書くと様々な誤解を生じそうなので、二つの補足をします。

一つめは、私は「書くこと」を全面的に否定しているわけではないということです。じっくり考えながら書く、書いたものを読み直して書き直す。このような作業が思考力を鍛えることは、自分自身が長い間訓練してきたことなので、その効果を実感しています。ただ、それといわゆる「板書・ノート」は異なるように感じています。生徒たちは「急いで書き写すだけで頭に入らない」と言います。

二つめは、実は私は、生徒たちにとてもたくさん書かせているということです。毎回の授業では少なくとも四題の練習問題を生徒たちに課しています。生徒たちはこれを三五分間かけて答案練習をすることになります。更に確認テストで二題出題しますから、生徒たちは毎時間六題分の答案を書くことになります。この授業が週に三回ありますから、毎週一八題の答案練習、つまり書いて考える練習をしていることになります。実際にはそれ以外に話し合いながら机に貼った模造紙や物理室のホワイトボードにものすごい勢いで図や計算を書いています。これだけ書かせる物理の授業は稀だと思います。

聞くだけだと5%？

この授業を開発する途中で勇気づけられたもののひとつが「ラーニングピラミッド」といわれる有名な研究結果です。これによると、ワンウェイ（一方向だけ）で教えられたときに生徒の記憶に残るのは5%とのことです。最初これを見た時、私は「自分の努力は報われないなあ」とがっかりしました。しかし、次の瞬間、生徒の努力も空しいと感じました。眠い目をこすりながら先生の話を聞き、ノートをとっていても5%しか残らないというのですから…。これでは生徒がかわいそうだと感じました。

しかし、よく見ると「教えた時」の記憶に残る割合は90%です。「これだ！」と思いました。授業中に「生徒が友達に教える」場面を組み込めば良いのだ。教室のあち

ラーニングピラミッド

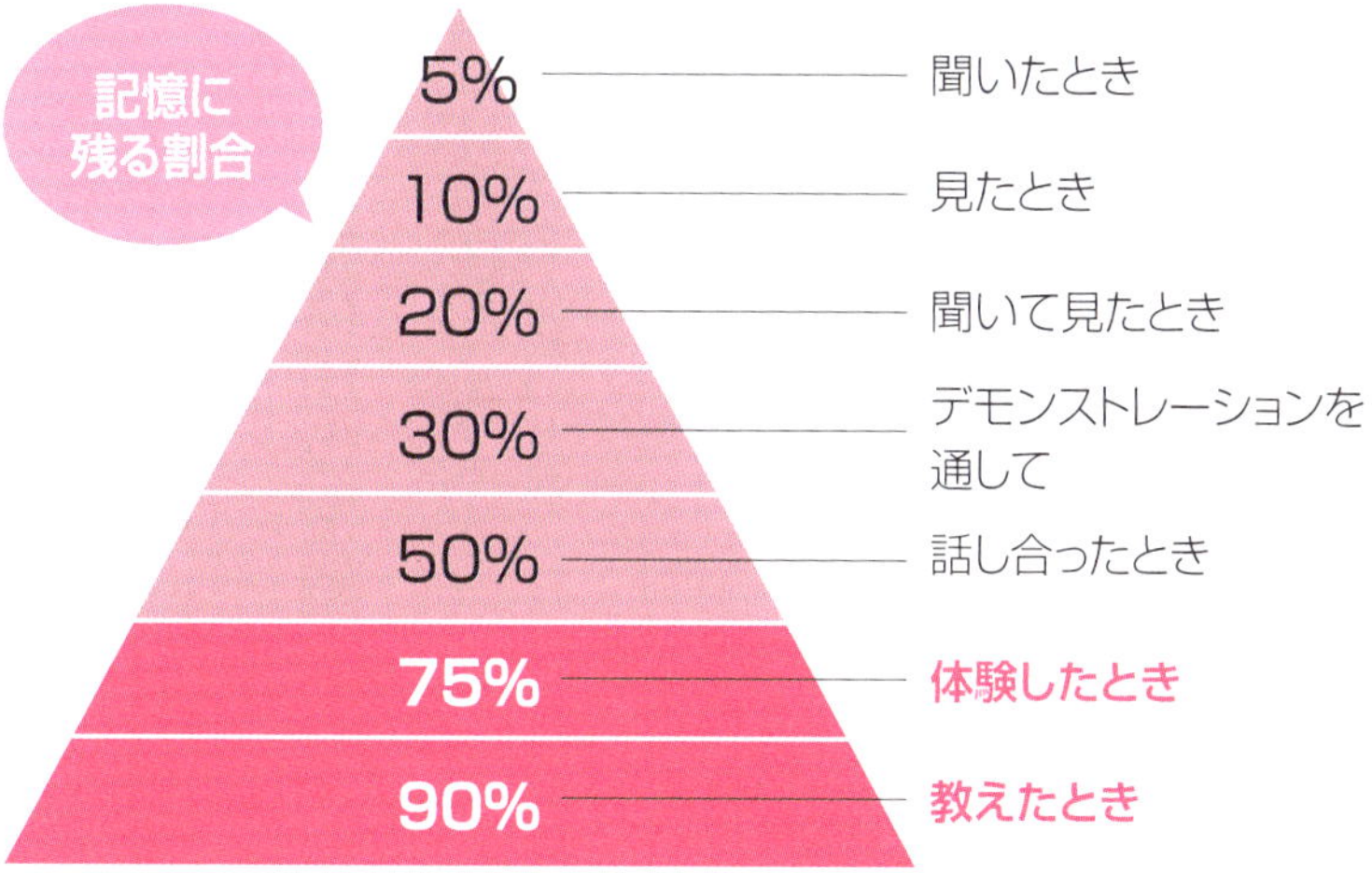

この授業は学習理論の研究成果とも合致している

こちで、生徒たちが互いに教えたり、教えてもらったりができるような仕組みは作れないのか？この着想は私にとってはワクワクするものでした。実際にこれを具体化するのには、それからしばらく時間が経つのですが、このラーニングピラミッドを知ったことが大きなヒントになったことは間違いありません。

最新情報は実践のヒントです。「どう使うか」を意識して収集したいものです。

03 ＡＬ型授業はキャリア教育の機能も持つ

キャリア教育から授業改善へ

私は三十代の後半から約十年間はカウンセリングの学習をみっちりとやりました。そのきっかけは先輩の「鶴の一声」です。かなりいい加減な学び始めだったのですが、私にとっては大きなインパクトがあり、とても役立ちました。

ただ、気になり始めたことがありました。それは、カウンセリングは基本的に「一対一の対人関係技法」であることです。教室での私たちに必要なのは「一対四十の対人関係技法」です。それについて相談したところ、多くの先生たちから、グループダイナミクスを勧めていただきました。その勧めに従って、構成的グループエンカウンター、非構成的エンカウンターグループ、ＭＬＴ（マイクロ・ラボラトリー・トレーニング）、Ｔグループなどを学び続けました。

これらの体験が転勤した時にいきなり、キャリア教育のプログラム開発を担当させられたときに役立ちました。この時、グループワークの効果と「振り返り」の必要性を理解しました。（何より魅力的だったのは誰も居眠りしないことでしたが…）

そこでグループワークと振り返りを組み込んだＡＬ型物理授業に挑戦しました。教科科目とキャリア教育の大きな違いは、伝達すべき知識やスキルの有無です。ここを乗り越えるのに苦労しましたが、実現してみるとＡＬ型授業はまさにキャリア教育そのものと言ってもよいほどです。

次ページの図に沿って述べます。まず、わからないときは調べたり友達に聞いたりすることで「課題対応力」が鍛えられます。あるいは、自分たち全員がわからない時はどうするか？「動く（立ち歩く）」というルールを使ってわかっていそうな友だちを探して動きます。これも「課題対応力」を鍛えます。友達と交流・協力する過程で、友達と自分は異なる長所を持っていることに、生徒たちは気づきました。「自己理解・自己管理力」が高まるということです。チームで満点をとるために様々な協力をすることで「人間関係形成・社会形成能力」が鍛えられます。

問題の解き方を質問したり説明したりすることで「論理的思考力」が、図の書き方や新しい解き方を見つけることで「創造力」が鍛えられ、全体を通して誰も寝ないし、疲れるほど集中するなど「意欲・態度」も向上します。

「キャリアプランニング能力」「勤労観・職業観等の価値観」向上には授業中の出来

03　ＡＬ型授業はキャリア教育の機能も持つ

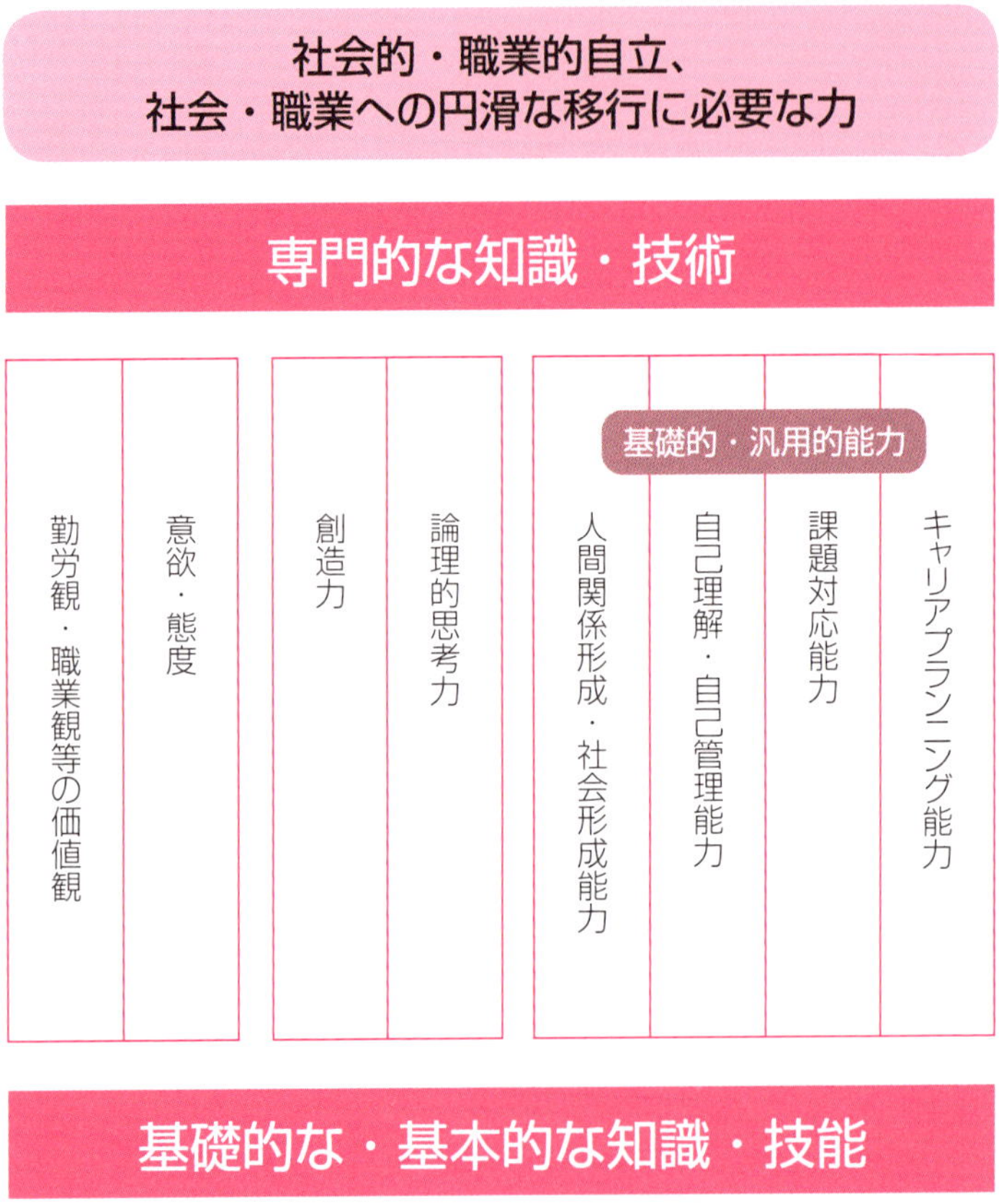

出典：文部科学省

事に関連させた話が必要ですが、キャリア教育で育成したい諸能力の大半は私のＡＬ型授業で鍛えられると自信を持っています。

キャリア教育を教科科目の授業に埋め戻す

多くの場合、キャリア教育は「総合的な学習の時間」やＬＨＲや学校行事で行われています。教科科目の授業をＡＬ型授業に転換すると、実質的なキャリア教育の時間を大幅に増加させることにもなります。

また、キャリア教育では「積極的な活動・協同・協力」を求めているのに、教科科目の授業では「動くな・しゃべるな・手伝うな」と矛盾したメッセージを伝えがちという側面も解消できます。

更にキャリア教育をはじめとする「○○教育」を教科の授業外で行うと、担当教師の負担は増大し、その増大した労力分を授業準備（教材研究）から割くことになり、授業の質が低下するという矛盾もありそうです。つまり、たまに行う「○○教育」を増やすほど、学校生活の大半を占める教科科目の授業時間の質が低下しているかもしれないのです。ＡＬ型授業の機能はこの問題の対策にも有効です。

04

教師の役割変更

一昨年（二〇一三年）から国内でも注目度が高まっている反転授業（Flipped Classroom）はＡＬ型授業のひとつです。私にとっては大きなヒントになりました。

反転授業の核心

私はあまり報道されない「対面型授業の方法」にその核心があると捉えています。左の図は反転授業関連の論文をまとめた図の一部です。上の「伝統的授業」では「今日の講義」が行われています。宿題として「疑問を確認しておくこと」が板書してあります。Flipped とは紙の表と裏をひっくり返すというような意味ですから、これまで家庭でやらせていたことと、教室でやっていたことを「ひっくり返す」という意味です。

つまり、これまでは教室で先生の「講義」を聞いて、家庭では「問題演習」や「疑問箇所を更に調べる」などの活動をしていました。それをひっくり返して、家庭で事前に「講義」を聞いてきて（情報を収集してきて）、教室では「人が集まらなければ

転換……………アメリカの動き

伝統的授業 教師の役割：壇上の賢人（指導者）
（sage on the stage）

反転授業 教師の役割：学習に寄り添う導き手（ガイド）
（guide on the side）

できないこと」をやろうというものです。具体的には、「協力して問題演習をやる」「話し合う」「発表したり質問したりする」「ディベートをする」「チームで課題解決に取り組む」などです。それを示しているのが下ということになります。

壇上の賢人からガイドへ

上下の図を見比べる時に大事なのは「生徒たちの様子」と「先生の様子」です。まずは「生徒たちの様子」です。伝統的な授業では、生徒たちはきちんと行儀良く整列しています。隣の人とは顔を合わせることもないし、話し合うこともないという形です。これに対して反転授業では、生徒たちは顔を見合わせ、グループになって活動しています。つまり、生徒たちは共同しているのです。

もっと大事なのが「先生の様子」です。伝統的授業における教師の役割を、この図では「壇上の賢人」と称しています。そして、この先生は上から下へと「知識のシャワー」を浴びせています。

これに対して、反転授業では「学習者に寄り添う導き手」としています。ここが最も重要なことです。反転授業の対面授業の場面では、教師にこの立場の転換が起きなくてはならないと私は理解しています。この「教える人」→「ガイド」という転換は

ＡＬ型授業でも必要で重要な考え方です。そうでなければ生徒の主体的な学習は起きにくいからです。

授業スキルの見直し

私は反転授業の実践はできませんでしたが、この情報は自分のＡＬ型授業中の態度やスキルを問い直すのにとても役立ちました。私はパワーポイントとプロジェクターを使い始めた初期からリモコン付きのポインターを使っていました。これによってＰＣから離れて説明することができました。自動的に「教壇から降りた」のです。ヒトの祖先が樹上生活から草原に降りて来たほどの転換でした。そして、そのまま問題演習の時も教壇に戻ることはありません。その結果、生徒たちとフラットで対等な関係に近づくことができました。詳細は後述しますが、この体験があったので、私はこの図にわが意を得た気がしました。逆に言えば、せっかくタブレットなどを用いて生徒に事前学習をさせても、対面授業では先生が相変わらず「壇上の賢人」として講義をやっていたらナンセンスなのです。生徒にグループワークなどをさせながら、教壇を降りて生徒に近づくだけでも生徒との関係が変化し、見えてくるものが変化するものです。

05 授業改善の根本的な意義

ＡＬ型授業には「居眠り防止」「成績向上」「キャリア教育」などの機能を持たせることができ、実際にそれらの効果を上げることができます。では、授業改善の意義や目的はそれかというと、それでは少し意義づけが弱いと感じています。社会学的な意義も踏まえておきたいものです。端的には、工業化社会から知識基盤社会へという社会構造の大転換が学校教育の転換を求めているのです。

工業化社会の出現

工業化社会とは産業革命によって出現した社会構造です。それまで人々は、家族単位でばらばらに働いていました（家内制手工業（マニファクチュア））。しかし、産業革命以降、みんなは工場へ出かけて働くようになりました。その生産力をあげるためには少数の優秀なリーダーと大多数の優秀なフォロワーが必要になりました。

産業革命により資本主義社会が出現し、やがて帝国主義へと進むと、生産力向上は国家の最重要課題となります。二重の意味での優秀な国民、すなわち、優秀なリーダーと優秀なフォロアーを育成するために、学校教育システムは磨き上げられました。

少数のリーダーに求められるのは膨大な知識です。古今東西にわたる豊富な情報が組織や国家の方向を決める判断材料となるからです。一方、多数のフォロワーに求められるのは従順性・忍耐力・協調性などです。工場で同じ作業を正確に繰り返す能力が求められたからです。

学校システムは自動的にリーダーとフォロアーを振り分ける構造になっているという説が「学校パイプライン説」です。また、知識やスキル習得を表向きのカリキュラムとしながらも、様々な構造を通して、いつの間にか従順で忍耐力があって協調性の高い優秀なフォロアーを育てていくシステムが、「ヒドゥンカリキュラム」と呼ばれるものです。ここでは詳述できませんが興味のある方は調べてみてください。

知識基盤社会の出現

資本主義の高度な発展によって、二十世紀の後半になってから大きな変化が現れ始めました。その原因は、絶え間ない技術革新により社会の変化速度が急激に高まったこと、国や地域を越えて人や物の大量高速移動が可能になったこと、そして何よりコンピューターとインターネットの普及です。

変化の激しさは過去の知識の価値を半減させました。古い知識があまり役立たなくなってきたのです。人や物の大量高速移動が可能になったことで、国や業種などの境界が曖昧になってきました。ボーダーレス社会の出現といわれることもあります。インターネットの活用で、誰でも膨大な情報を手に入れることができるようになり、リーダーのあり方が変化しました。つまり、すごい記憶力がなくても、私たちは、誰でも、いつでも、どこにいても、瞬時に膨大で最新の情報を手に入れることができるようになったのです。ユビキタス時代の出現です。

フォロワーが現場の問題を上司に報告して指示を待っていたり、言われた通りに皆と一緒に行動したりしていたのでは、次々に出現する新しい状況に対応できなくなりました。リーダーが全てを判断する構造が不合理になりつつあるのです。

個々人で考える力の必要性

このような時代には、自ら考え判断し行動する能力を持った市民が必要になります。組織・国家としてそれが必要です。同時に個人としても、「護送船団方式」が消滅し、「みんなと一緒に生きていけば安全」の時代が終焉を迎えている以上、一人ひとりが自分の力で「生きる力」が必要になってきたのです。

それゆえ、「国民育成の方法＝教育システム」の改善が求められているのです。それは取りも直さず学校教育の大部分を占めている教科科目の授業を変えること、すなわち授業改善が求められているのです。

「この変化は明治維新より太平洋戦争敗戦より大きな変化だ」と言われることもあります。しかし、天変地異が起きたわけでもありませんし、多くの死者がでたわけでもありません。したがってわかりにくいのです。社会の様々なところで起きていることを概括することも個人では困難なことです。そこで、社会学的な学習が必要になります。ぜひとも、授業改善を進める先生たちには理論的な学習も進めていただき、その内容を生徒や保護者に伝えてほしいものです。

06

生徒と共に教師も成長できる授業改善

授業改善が生徒にとって良い効果があるのは当然ですが、教師にとっても大きな学びと成長が得られます。自己犠牲を積み重ねながら仕事を続けるのは、精神衛生上よくありません。できることなら、仕事をすること自体が自分自身の人間的な成長につながるようにしたいものです。ＡＬ型授業を開発し実践していくことは、これまでの教師としての仕事観を大きく変えます。楽しくて、自分の成長を実感できるのです。多くの仲間たちがそう言います。ここでは私の体験を中心に述べます。

生徒たちと共に作った授業

長年、授業改善に苦心し失敗し続けてきた私は、越ヶ谷高校に転勤して最初の中間テストの後に、生徒たちに宣言しました。

「授業形式を変えます。私は教えないでみんなが自分で理解する方法です」。

間髪を入れず生徒たちからは悲鳴とブーイング。

「そんなのムリ!」

「先生のパワポ好きなのに～」

激しい拒絶に私は驚き、苦し紛れに提案をしました。

「じゃ、三回トライアル授業をしませんか？ 三回目までにみんなの了解を得られたらそれで行く。ダメなら元に戻す。これでどう？」

「それならいいよ。やってみようか～」

毎回生徒の要望を聞いて時間配分、練習問題などを変更しました。三回は一週間の授業回数でした。この一週間でその後の原型はできましたが、その後も生徒たちは、意見や提案を伝え続けてくれました。

「先生が板書している間ってヒマ。アタマ止まる。パワポでパッパッ。この方がいい」

「ノートしていると集中できない。プリント最高」

「説明は短くて繰り返しがない方がアタマに入る」

「先生、パワポのアニメしつこすぎ！ 色も見にくいし～」

「解答があると話し合いしやすい。他の授業もそうして欲しい」

「パワポ、リモコンで操作いいよ。死角がなくて見やすい」

「落書き用の模造紙グッド。なごむよね～」

「もう終わり？ 全然眠くならなかったよ～っていうか、寝てられないし（笑）」

「あ～疲れた！こんなにアタマ使ったの久しぶり～」

これらの意見は私にとっては新発見の連続でした。生徒たちにはそんなことが起きていたんだ、生徒たちはそんなことを感じていたんだ…その都度、考えさせられました。新しいアイデアが次々に湧いてきました。その結果、私の授業スキルは着々と向上しました。本を読むより研修会に行くより、生徒の声の方が役にたちました。

授業は生徒と共に教師が成長する場

生徒の自由活動が増加すると、一斉授業では見えなかったことが見えてきます。多様な生徒がいること、生徒同士が支えあえること、教師の余計な介入が生徒の依存を生み出すことなどです。それらはガードナーの多重知能理論、プロジェクトアドベンチャー、アクションラーニング、選択理論などの様々な理論を理解するのにとても役立ちました。

ワンウェイの授業をしていた時期は授業時間がストレスでした。そのストレスがしばしば怒りに発展し、生徒にぶつけていた様な気がします。ＡＬ型授業に転換してからは、授業時間が楽しくなりました。一日の授業時間が多い方が出勤時に楽しくなっていました。毎回発見があり、学びがあり、五十代後半の私にとっても学習と成長の場になっていました。授業は生徒と共に教師が成長できる場なのだと実感していました。この楽しさと意義深さを皆さんと共有したいものです。

特に五十代の皆さんにひと言申し上げます。私は六十歳以降の人生設計は何も考えずに生きてきました。そんな私が現在は教師として現場で実践してきたことが注目され、仕事になっていることに望外の幸せを感じています。この私の人生が、後に続くみなさんの生き方のヒントになったら良いなあと思っています。目の前の仕事に専念するだけでなく、仕事をしながら同時に自分自身の「次のステップ」への準備をしていくことが大事だと思います。

私は偶然でしたから、偉そうなことは言えませんが、これからの人たちは意図的・計画的にそれを進めることができると思います。学校教育に今求められていることは、将来にわたって、国民に必要な考え方やスキルだと思います。授業を通してそれらを吸収し身に付けることが、六十歳以降のみなさんの強みになると思うのです。ぜひぜひ、チャレンジしてみてください。

4章 アクティブラーニング型授業の始め方

物理授業の実際を述べる前に、前提としている「コルブの経験学習モデル」理論や、私がとても大切にしている「安全安心の場づくり」「目的・目標・ルールの設定」「時間節約の方法」などについて解説します。

01 ＡＬ型授業入門講座

ここからは授業改善をどう進めるかの具体的な提言です。

四種類の研修会プログラム

一昨年（二〇一三年）三月に高校教師を定年退職して身軽になった私は一年間で約七十〜百回の研修会講師を務めました。

その経験から次の四種類のプログラムをつくりました。

Ａ　入門講座＝始めるきっかけをつくる

Ｂ　技術向上講座＝授業の質を上げる

Ｃ　組織開発講座＝組織的に取り組む方法を知る

Ｄ　「アクションラーニング（質問会議）」研修＝個人の学習力を高め、学習する組織をつくる。新しい概念に基づくリーダーシップ・スキルのトレーニング。

これらのプログラムの内容や研修会の中で気づいたことなどを述べるために、この本の執筆を始めました。すでに研修を受けた方には復習になるように、これからの方には予習になるように意識しています。そして何より研修に参加できない方のために、一人でもできる方法や、勤務校で仲間とともにできる方法を付加するつもりです。（この本では入門講座のみになります）

入門講座の中心は授業体験

「入門講座」の構成は次の通りです。

第一部【概説】

①自己紹介

②目的・目標・ルール設定

③講義［この部分の前半が本書第3章です］

第二部【体験と振り返り】

①AL型授業導入解説とワーク体験

②物理授業体験

③振り返り

④質疑応答

この入門講座の最大の特徴は、参加者全員に高校物理授業を生徒役として体験してもらうことです。

その理由は、体験したことも見たこともない授業を作ることは困難だからです。私の授業を体験してもらうと、「説明が少なくても理解できる」「自分たちでわかるほうが楽しい」「全然眠くならない」等の声が続出します。

その体験を基に、第二節で述べる「振り返り→気づき」が起きるようにワークを構成しています。その過程で参加した皆さんは色々な気づきを得ることができます。自分自身の気づきと共に、他のメンバーの気づきも共有することで更に深く広い気づきを得ることができます。それらが「次の一手」のヒントになります。

興味深いことに、何度も同じ講座に参加される方は、「毎回、違う気づきがある！」と喜んでくれます。知識伝達の講座なら覚えたら終わりなのでしょうが、体験型の研修会だとこんなことが起きます。そして、これがＡＬ型授業の大事な部分です。「楽しく話し合いをして、振り返りシートを記入したらＡＬ型授業」というだけで終わらないようにすることが必要です。

校内研修会を企画される方は、このような構成を意識して作られると良いと思います。講師に研修会を依頼するときも、「体験→振り返り→気づき」の構造を持つ研修会にして欲しいと依頼することをお勧めします。残念ながら現在はそのような機会が

こうすれば乗り越えられる…はず。研修会の狙い

参加者同士で学ぶことで、
アクティブラーニングを体感でき、ネットワークも拡大する。

体験すること！
やってみれば、わかります！

特に、体験する→振り返る→気づく→新しい行動、という学習サイクルを体験することで、新しい授業のイメージが描ける。

模擬授業を体験すると、
教師介入の方法も、
少しわかる！

「アクティブラーニング型授業」の定義は、学習者にアクティブランーニングが起きることを含む全ての授業形式（溝上、2014）。
つまり「100%ワンウェイ以外は AL 型授業」。
理論やスキルの縛りはない。
そうとらえると「気が楽」になる……はず。

ないという方は、この本を参考にしながら、ＡＬ型授業をやっている同僚や他校の先生の授業を生徒役として受けたり、見学したりすることをお勧めします。私も人の授業を受けたり、見学したりして多くの気づきを得ました。とても楽しい体験になるはずです。

02 コルブの経験学習モデル

入門講座の特徴はＡＬ型物理授業を生徒として体験してもらう点です。その意図は私の授業形式を押し付けるためではなく、授業改善のヒントを得てもらうためです。しかし、「体験＝ヒント」ではありませんし、「体験すればできる」わけでもありません。体験がヒントになり、それが実践に転化するよう構成に様々な工夫を凝らしています。その理論的な基礎をここで解説しておきます。研修会の理論的根拠であると同時に、毎回のＡＬ型物理授業の理論的基盤でもあります。

「学習」概念の変更

私たちが学習・勉強というと、「知識を伝達する」「知識を吸収する」「知識を保存する」「テストなどで知識を表現する」というように「知識」を中心にしています。ところがビジネス界には、それとは少し異なる理論があります。左図の「コルブの経験学習理論」がそれです。中央のサイクルがコルブの用語で示したものです。周囲の吹き出しは私の理解です。

コルブ（Kolb）の経験学習モデル

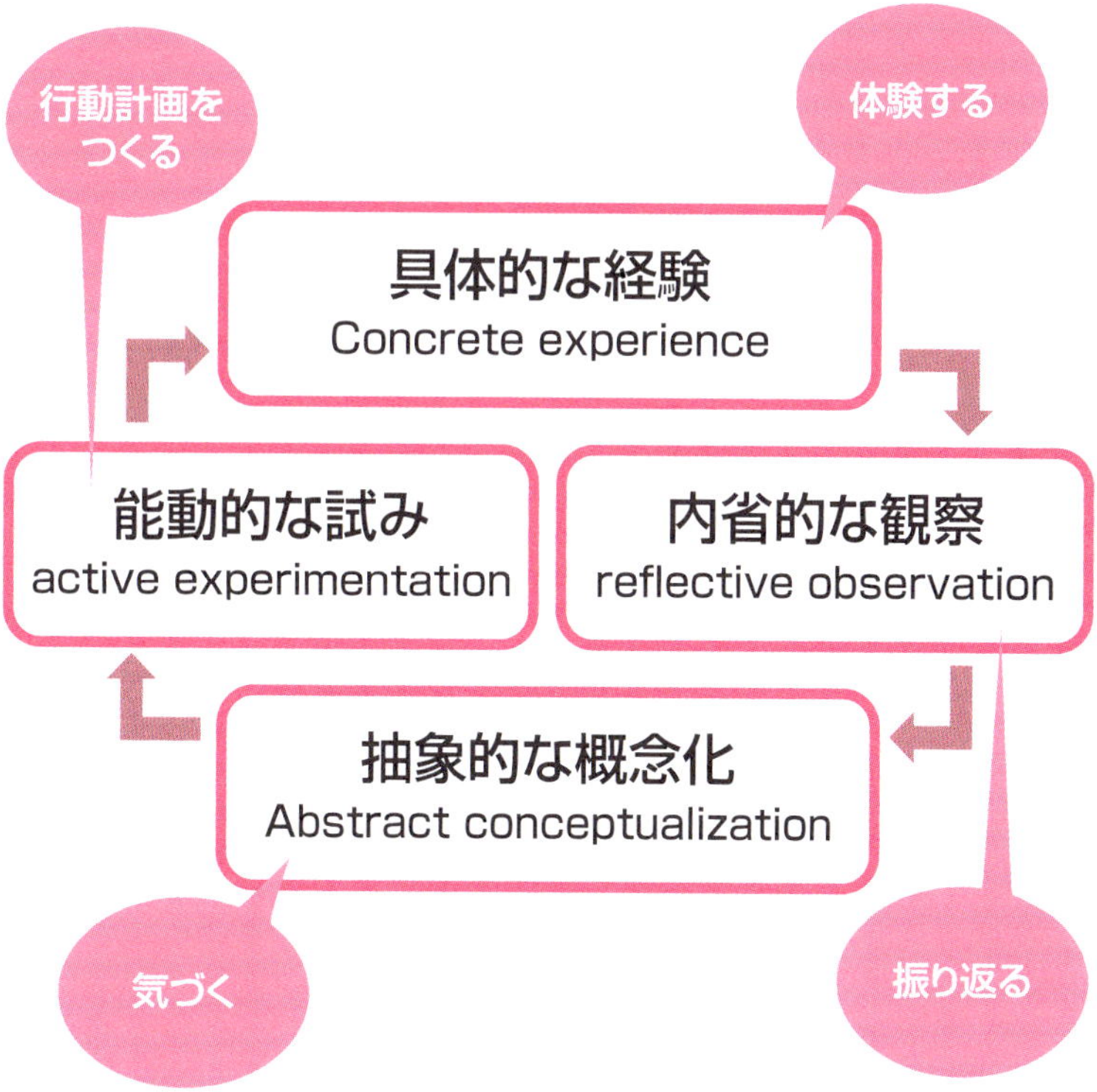

この理論によれば「体験する→振り返る→気づく→行動計画を作成する→（再び）体験する……」という動きが「学習」であり、その継続が「成長」だというのです。ここでは知識の伝授等は重視されていません。私はこれを知った時に「学習」の意味を初めて理解した気がしました。

つまり、無限に知識を吸収し続けることが「学習・成長」ではなく、自分で自分の体験を振り返り、そこに気づきを得て、次の計画を立て直し、再び新しい経験に挑戦していく……これが人間として学習・成長することなのだということです。「生涯学習」というのはこういうことなのだと、すっきりと了解できた気がしました。

これはピーター・センゲの「学習する組織」理論でも同様です。センゲは「潰れない会社には学習する組織がある」と言い、学習する組織とは「学習する個人がチーム学習を経て学習する組織を形成する」と言います。そのチーム学習の具体的な方法が「アクションラーニング」です。私はこのアクションラーニングを学ぶ中で、このコルブの経験学習のサイクルを回すことを体験的に学びました。

居眠り皆無の研修会

私はAL型物理授業の狙いとして、生徒の頭の中でこの学習サイクルが回りだすことを重視していました。その結果が、「疲れるほどアタマを使い」「放課後自主的に勉強し続ける」生徒たちの出現でした。それ故、AL型授業入門講座でも同じことを目指しました。先生たちに理論や情報を教え込むのではなく、学習サイクルが回る、すなわち、「振り返る→気づく」体験をしてもらうことを主軸にしています。

ミニ講義、授業体験、振り返りを軸として研修会を構成すると三時間が必要になります。様々な研修会を要請されても、この時間調整でしばしば難航します。担当の方が驚いてしまうからです。「これまで、九十分間しかやったことがありません」というのです。それを説得して三時間をいただきます。

そして、三時間が終了すると参加者の皆さんが「あっという間だった」と口々につぶやきます。担当の方は、「誰も寝ない研修会は初めてです」と驚きます。コルブのサイクルが回るときには私たちのアタマは活性化しています。だから眠くならないし、新しいアイデアも次々に湧いてきます。

私は研修会に参加したみなさんに、その体験を生徒たちにも体験させてほしいと願っています。研修会に参加されないでこの本を読むだけの方は、読みながら気づいたことをメモしたり、その気づきを隣の席の先生に話したりするだけでも効果があります。お試しください。

03

安全安心の場づくりの重要性

私の授業でも、ＡＬ型授業入門講座でも、「振り返る→気づく」の経験学習サイクルが頭の中で回り始めることを重視しています。その際、重要なのが「安全安心の場づくり」です。それがないと、自分の気持ちを見つめたり、感じていることを率直に発言したり、グループ内で共有したりすることができないからです。授業でも研修会でも重視している「安全安心の場づくり」について述べます。

安全安心の場がないとチャレンジできない

左の図は、プロジェクトアドベンチャーという教育技術で使われているものを引用しました。この図は大変わかりやすく、示唆に富んでいます。まず、私たちが大きな気づきを得るためには「パニックゾーン」に行くのが良いということです。「虎穴に入らずんば、虎児を得ず」の例え通りに、危険を冒さなくては得るものが少ないということです。ただ、そのためには、「ストレッチゾーン」と「コンフォートゾーン（安全安心の場）」が必要だというのです。

「気づき」を得るための環境

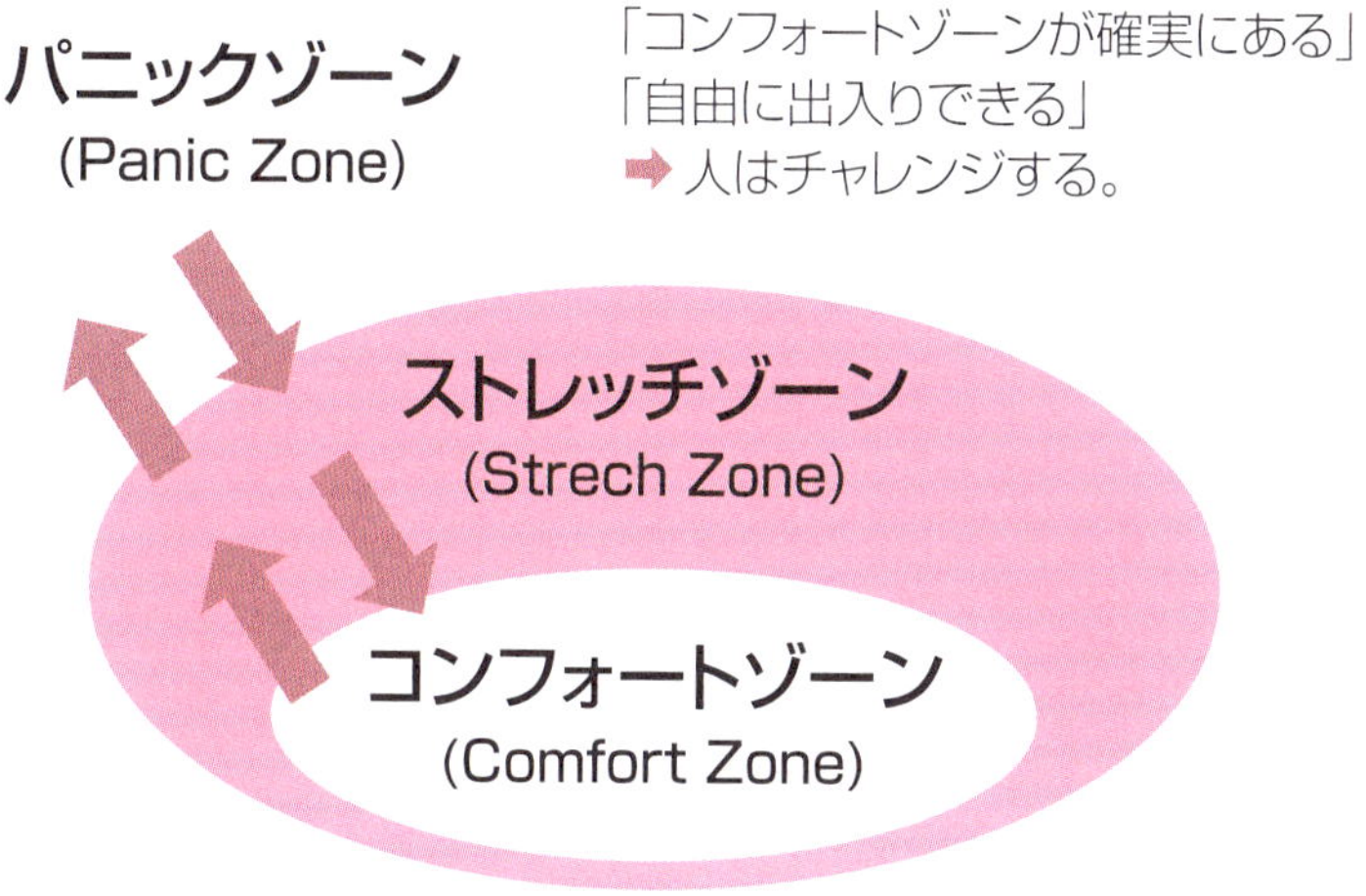

私はこの図を西部劇に出てくるような荒野の一軒家の例えで説明を聞き、大いに納得しました。それによると「コンフォートゾーン」は家の中です。雨風もしのげるし、暖房もある。食料や各種の道具もそろっています。

「ストレッチゾーン」は柵の内側の庭です。戸外に出れば寒いかもしれませんが、その時はすぐに家に戻ってコートやマフラーをとってくれば良いのです。家があるから安心して庭に出られます。

「パニックゾーン」は柵の外の荒野です。ここに行けば、様々な動物や植物があります。色々な発見や体験から得ることは大きいはずですが、同時に野生の動物に襲われるなどのリスクもあります。しかし、危ないと感じたら柵の中や家の中に戻ればよいのです。いつでも、自分の後ろには安全安心の場があると感じていれば、パニックゾーンに出て行って、チャレンジができるというわけです。

私は職業軍人から自衛官になった父を持ち、一時空手家として生活していたせいか、しばしば「退路を断て」「背水の陣をとれ」「死ぬ気で突っ込め」と激励されました。しかし、どうもそれでは不安で、思い切ったことがかえってできなかったような気がしています。その体験を踏まえても、この理論がとてもよく合っている気がします。

安全安心の場をつくる

だから私は、授業の時も研修会講師の時も安全安心の場を作ることをとても重視しています。まず初対面の人が多い場合は始まる前から同じグループや隣のグループの人と名刺交換をしてもらうようにお願いします。私たちは近所の人の顔と名前がわかるだけでもかなり安心できるからです。

同一職場などの場合には、次のような説明をします。

「もしかしたら、同じグループに嫌いな人や馬が合わない人もいるかもしれません。

でも、この研修会の間だけは、にこやかにしてください」

必ず爆笑が起きます。続けて説明をします。

「生徒にはこう言います。仕事は仲良しでするものではありません。ミッションに必要な人が集まって協力するのが仕事です。仲良しでなくても、仕事を進めるのに必要な程度のコミュニケーションをとれることが必要です。そのために、あいさつや笑顔は大事なのです」

安全の場をつくる話し方

話し方にも気を付けます。「大きな声を出さない」「穏やかに話す」「できるだけ笑顔で話す」「乱暴な話し方をしない」「丁寧な言葉遣いをする」

こんなことは大人同士なら当たり前のことです。それなのに子供相手には大声で乱暴な話をする方がしばしばいます。私はこれを「子供だまし」だと思っています。子供にしか通用しないからです。私は大人にも通用するやり方で生徒に接したいと思っています。大人の安全安心を確保できるようになると、子供のそれも確保できるようになると信じています。お試しください。

04 授業の目的を設定する

ＡＬ型授業入門講座は物理授業体験がメインですが、その前に私が二年生の最初の物理授業でどのように導入するかを紹介します。

実はこれも「安全安心の場をつくる」という視点から重視している手続きです。年度途中でいきなり授業形式を変えると生徒たちは戸惑います。変える理由や効果を説明し、納得させることが必要です。私は、四月の初回の授業では一コマ全部使ってイントロダクションにあてます。

目的は「科学者になる」

まず次のように説明します。

「この物理の授業の目的は『科学者になる』です。そのために『科学的対話力の向上』を目標とします。ここでいう科学者とは〈科学的なものの見方や考え方を持っている人〉の意味です。ところで、みんなの考える科学者は日常的にどんな生活をしていると思いますか？できるだけ具体的に模造紙に書き出しながら話し合ってください」

このワークは先生たち向けの入門講座でも短時間だけやってもらいます。時間をかけてやると生徒たちは次のようなことを挙げてきます。

「わからないことを人に聞く」「理論などを人に教える」「チームで協力して研究する」「世界中の科学者と協力する」

話し合いの途中から生徒たちは気づきます。

「意外とコミュニケーションが多いね」「黙って実験しているだけではなさそうだね」

私は解説します。

「そうなんです。映画に出てくるような山奥に何年も一人で閉じこもっているマッドサイエンティストなんてあり得ないのです。多くの人とコミュニケーションをとらないと最先端の研究は不可能なんです」

科学者がやっていることを授業中にやろう！

「科学者になるということは、科学者がやっていること、つまり質問したり説明したり協力したりをするということです。それに熟達することです。それと共に物理の知識も得られるようにしたいのです。

そのために今までの普通の授業の形式……つまり、じっとしていて、黙っていて、黙々とノートをとるという形式を大幅に変えました。

私の説明は短く、パワポとプロジェクター、それにプリントを使って板書とノートはなく、授業時間の大半はみんなが話し合う時間です。」

ここまでの説明で生徒は興味津々。「面白そう」という声が聞こえてきます。

授業の目的をわかりやすく設定する

学習指導要領には、「物理的な事物・現象に対する探究心を高め、目的意識をもって観察、実験などを行い、物理学的に探究する能力と態度を育てるとともに、物理学の基本的な概念や原理・法則の理解を深め、科学的な自然観を育成する」と示してあるのですが、これをこのまま生徒に示しても興味を持ってはくれません。悩み続けていた時にアメリカの作文教室の手法であるライティングワークショップに出会いました。その授業の目的は「ライターになる」でした。これに触発されました。後で知ったのですが、選択理論でも「科学者になる」と標榜しているとか。

皆さんも自分の教科科目を生徒たちに学習させる目的は何かをわかりやすく簡潔に表現するとどうなるかを、考えてみると良いと思います。生徒たちに考えさせるという方法を採っている先生もいます。お試しください。

授業を始める前に……

1

この授業の目的は「科学者になる」です。ここでいう「科学者」とは職業のことではありません。科学的な考える力を持った大人になって欲しいという願いです。

↓

2

では科学者は何をしているでしょうか？
計算ばかりしている？
山奥に閉じこもって研究している？
最近はそんな科学者はいなくなりました。

↓

実際の科学者はこんなことをしています……

3

わからないことを本などで調べる
他の科学者に質問する
難しいことをわかりやすく人に教える
入門的な講義をする
チームで研究する
世界中の科学者と協力する

↓

4

だから……
私たちもこれを見習いましょう！
科学者がやっていることを授業中にやりましょう。
それを通して物理の知識を身につけましょう

05 コンセンサスゲームで仲間づくり

前節で述べたように、四月の最初の物理の時間に目的・目標・授業形式について説明します。「科学者になる」ため、「科学者がやっていること＝話し合いやチームの協力など」に熟達するのが物理の授業と意義づけます。

ここまででも、生徒はわくわくしてきますが、話し合いの効果を確認し、納得させ、更に新しい友達関係を素早くつくるために、コンセンサスゲームを実施します。

コンセンサスゲーム

私が好きで使っているゲームは、よく知られている「月世界で遭難（NASAゲーム）」と呼ばれているものです。教室でのグループワークで使いやすいように独自に作成したワークシートを用います。配布するとすぐにゲームの設定を読み上げます。

「あなたたちは月の探検チームの一員です。母船を離れて探査していたところ探査船が故障してしまいました。やむなく二百マイル離れた母船まで歩いて帰らなくてはなりません。幸い探査船の中には壊れていない物がたくさんあります。水、酸素ボンベ、ロープ、ピストルなど十五品あります。あなたの使命はその十五品の優先順位を決めることです。話し合いをせず三分間で優先順位をつけてください」

次にグループで話し合ってグループの順位をつけます。その時のルールがあります。

「多数決やじゃんけんをしていけません。誰かが一人で仕切ったり、黙っている人を放っていてもいけません。必ず全員で、これが一番、これが二番と決めてください」

ここまでだけでもクラス開きには効果があります。

私は「ＮＡＳＡの専門家が作ったと言われている解答」を提示して採点させます。

個人で出した結論とグループの結論を比較させます。

「個人の点数よりグループの点数が上がった人、手を挙げてください」

生徒たちは周りを見ながら手を挙げて「お～」と驚きの声があがります。毎回八割から九割の手があがるからです。

「一人で考えるよりみんなで話し合ったほうが正解に近づくということです。だから、次回からの物理の授業ではいっぱい話し合ってくださいね」

リフレクションカードには「いっぱい話し合いたい」「次が楽しみ」などのコメントが溢れます。

点数が下がった生徒への解説

大半の生徒が個人の点数よりグループの点数が上がるのですが、逆になる生徒も少しいます。ごくまれに、ひとつのグループのほぼ全員が下がることもあります。これを放っておくとかわいそうです。そこで、全体の今後の話し合いの方向としても役立つように、私は次のように話をします。

「個人の点数よりグループの点数が下がる原因は二つあります。一つは自分が良いアイデアや正解に近い考えを持っていたけど言えなかったか、言わなかったという場合です。自信がなくて言えなかったかもしれません。その他の理由で言わなかったかもしれません。でも、それではチームに貢献できないのです。ぜひ、これからは恥ずかしがらずに、チームに貢献するために自分の意見を出すようにしてください。

二つ目は良いアイデアを誰かが出したのだけど、みんなが聞き逃してしまったか、それは役に立たないとあっさり切り捨ててしまったからです。これはもったいないことです。科学の大発見はしばしば馬鹿げて見えるような発想から生まれています。ぜひ、どんな意見も馬鹿にしたり切り捨てたりしないで、良く聞いて、検討してください。」

「月からの脱出」　２年　組（　）氏名

◎グループでよく話し合って、みんなが納得できる結論をだしましょう。

1．最初は個人作業です。次の文を読んで、『自分の結論』の欄に記入して下さい。

あなたの乗った宇宙船が、月で不時着してしまいました。あなたは、200マイル（320キロ）離れた陽のあたっている月面上にある母船とランデブーする予定でした。しかし、荒っぽい着陸であなたの船は壊れ、船の設備もほとんど壊れてしまいました。

残されたものは15品だけです。あなたの船員の生死は母船に戻れるかどうかにかかっています。陽のあたっている月面上で200マイルの旅のために最も重要な品目を選ばなければなりません。あなたの仕事は、15品目を生存するための重要度順にランク付けすることです。以下、一番重要なものから順に順位をつけていってください。

2．次に、グループでの順位を話し合ってみましょう。

話し合いの前に同じグループの人の名前を確認しましょう。

最初にメンバーの結論を表に書き出してから、話し合うと楽です。

グループの人たち／備品（持って行く物）	自分の結論								グループの結論
マッチ棒									
宇宙食									
50フィートのナイロンロープ									
パラシュートの絹布									
太陽熱利用の携帯用暖房									
45口径のピストル２挺									
粉ミルク１ケース									
100ポンドの酸素タンク									
月面上用の星座図									
自動膨張の救命用ボート									
方位磁石									
水５ガロン（20リットル）									
照明弾									
注射器の入った救急箱									
太陽電池FM受信機									

（ウラに続きます）

※このワークシートは以下でダウンロードができます「授業研究AL & AL」2011/05/07/（http://f.hatena.ne.jp/a2011/20110505232213）

5章 アクティブラーニング型高校物理の実際

この章では、私が実践していた高校物理授業の方法をできるだけ具体的に述べていきます。これが「正解」ではありません。あくまで「ヒント」です。使えそうな要素を見つけて、読者のみなさんの強みを活かしてアレンジしてみてください。

01 生徒を迎える

学年の最初の時間は物理授業の意義づけや形式の変更を説明し、更に話し合いの効果を実感させるグループワークを行ったのちに、二回目からは通常の授業に入ります。

「起立・礼の省略」と「生徒を迎える」

私が勤務していた越ヶ谷高校は、総合選択制をとっていたため、同じ時間に開講される講座数が通常の高校よりだいぶ多くなっていました。そのため教室の数に余裕がなく、理科や社会科のように特別室のある科目は、教室棟の教室ではなく、特別棟の理科室や社会科室などで行っていました。従って私も、物理Ⅰ、物理Ⅱ、物理演習などの全ての授業を物理室で行っていました。そこで担任をしている時は管理棟の職員室にいることが多いのですが、担当の授業の前の時間は物理準備室にいるようにして、休み時間になると物理室に移動して、授業で使う図を投影して生徒たちが来るのを待ちました。

生徒たちは、物理室入口前後の机の上に並べられたプリントや前回提出の確認テストやリフレクションカードをとって物理室に入ってきます。入口は物理室の前方にあるので、教壇付近でPCの調節などをしている私の近くから入ってくることになります。そこで個別に「あ・い・さ・つ」をします。この「あ・い・さ・つ」のコツは上図を参照してください。

あ	明るく
い	いつも
さ	先に
つ	ついでに

席は自由。物理室には8人用の実験用の大きな実験テーブルが6個ありました。その気になれば10人以上で囲むことも可能です。生徒たちは好きな場所に、好きな仲間と着席します。通常の教室にある一人用の机と椅子も十人分ほど用意しておきました。一人でいたい人はそれを使っても良いことにしていました。

生徒たちには「色々な意味で自分にとって居心地の良い場所に行ってください」と説明していました。全員が物理室に入り終えた時にはすでに全員とあいさつを終えていますから、生徒指導部に了解を得て「起立・礼」の挨拶は省略しました。生徒たちには「チャイムが鳴り終わったら、すぐに説明を始めます」と言ってありました。

「起立・礼の省略」と「生徒を迎える」の効果

何より大きいのは時間の節約です。「起立・礼」をやるだけでも時間がかかります。

01　生徒を迎える

更に、着席した後に教科書等を準備する生徒がいるので、その分のロスタイムもあります。これらが一切なくなりました。また、確認テスト以外のプリントは全部生徒が取って入ってきますから、プリント配布の時間もゼロです。これによって「早く早く」と生徒たちを急き立てることは全くなくなりました。生徒にとっても私にとっても大きなストレス軽減になりました。

物理室は教室棟から遠い四階建ての特別棟の四階の隅にありました。生徒たちにとっては遠くて行きにくい所なのですが、それにも関わらずしばしば始業チャイムの前に全員が揃っていました。そんなときには「全員が揃っているから始めるね」と言って始めていました。授業が楽しくなると生徒の集まりも早くなるようです。

また年に二～三回なのですが、「先生が私たちの為にプリントを並べて、待っていてくれるのがうれしい」というリフレクションカードのコメントがありました。これも安全安心の場づくりに効果的だと思っています。

その前の高校では教室で授業でしたが、この時も休み時間中に教室に入りプロジェクターの設置などを始めていました。「え、もう始めるの？」と驚く生徒に「いやいや、休み時間だからご自由に」と答えていましたが、先生がいれば動きは早くなります。チャイムと共に授業を始めていました。

「科学者になる」ために「科学的対話力」を高めるための時間です。

席は自由です。
できるだけ色々な人と
話せるようにしましょう。

↓

プリントをとって、教科書・
筆記具を用意して、各テーブルごとに
リラックスできるような雰囲気を
作っておいてください。

↓

チャイム終了と同時に
解説を始めます。

02 態度目標（ルール）と内容目標の設定

始業のチャイムが鳴ってすぐに説明を始めるとともに授業のスライドを投影します。最初に「態度目標」、次に「内容目標」を示します。最初に「態度目標」を提示するのは「内容目標」よりも「態度目標」の方を重視していることを示すためです。

態度目標

左の図をみるとわかるとおりに態度目標は「しゃべる・質問する・説明する・動く・チームで協力する・チームに貢献する」の六つです。このうち「動く」は自分の席を立って物理室内を立ち歩いて質問したり、説明したりすることを意味しています。多くの高校生はこの態度目標にびっくりします。

私は研修会講師に出かける時に、しばしばその高校の物理の時間に飛び入りで物理授業を実施して、先生たちに見てもらいます。その時には、更に次のような説明を追加します。

「この中には、みんなにとって常識だと思われる『黙っている・じっとしている・黙々

この時間の目標

1 態度目標

「しゃべる」「質問する」「説明する」
「動く」「チームで協力する」
「チームに貢献する」

2 内容目標

理解すること

（1）〈用語を理解する〉
熱、熱量、熱平衡、熱容量、比熱
熱量の保存

（2）〈イメージを描く〉
①熱（量）が移動して温度が変わる
ことをイメージできるようにする。

とノートをとる』が入っていないでしょ。だから、この時間の授業態度として『黙っている・じっとしている……』は悪い授業態度だからね」

するど生徒たちは「えーっ？」「ホント？」「立ち歩いたりしていいんですか？」などとざわつきます。「もちろん、いいんだよ。協力してくれますか？」と質問すると、「はーい」「面白そう！」「立ち歩きます！」などとにこにこしてくれます。私はこの最初の二〜三分間でこの授業も成功すると確信します。

越ケ谷高校の生徒にとっては、

この態度目標は一年中変わらないので、物理授業の態度としては当たり前のことになっていました。

02　態度目標（ルール）と内容目標の設定

態度目標の効果

内容目標は「教える内容」を提示していますが、態度目標が示しているのは「学び方の目標」です。前者は教師の目標で後者は生徒の目標です。本来は前者も生徒の目標なのでしょうが、実際にはあまり生徒自身の目標には転化していないようです。これを生徒の目標にする仕掛けは後述します。

「態度目標＝学び方の目標」を設定した効果は絶大でした。生徒たちは当たり前のように隣近所の友達とおしゃべりしながら私の説明を聞き、問題演習に取り組みます。近い席の友達ではわからなくなると、わかりそうな友達のところに立ち歩いて行って質問します。時には、自分たちのところにその友達を引っ張ってきます。

また、先生たちが、行き詰るグループワークの最中に生徒たちにどう関わるかという問題もこの態度目標が大きな効果をもたらしました。詳しいことは別の箇所で述べますが、態度目標（ルール）に沿って「質問で介入する」という方法です。

例えば、問題演習の最中に私は、「チームで協力できていますか?」「わからないことは質問できていますか?」と質問します。それだけで生徒たちは「わからないから教えて」「ごめん、止まっていたんだ」「教えてあげるよ」と動き始めます。また、リフレクションカードでは「態度目標に沿って話し合いはできましたか?」と問います。これらの振り返りの起点が態度目標なのです。

内容目標

たぶん読者のみなさんは、内容目標を提示されていると思います。実は私は長い間これをしていませんでした。ひどい時には教科書とチョークだけを持って教室に行き、一番前の生徒に「前回は何ページまで行った?」と尋ねます。「40ページまでです」「じゃ、41ページ開いて」と始めます。そして、終業のチャイムが鳴ると、「じゃ、ここまで」と言って終わるという具合でした。お恥ずかしい限りです。

これでは生徒はこの時間の目標がわかりません。また、教師の側も、目標を設定していないから進度がずるずると遅くなってしまいます。私は新しい形の授業にしてからは予定通りに授業が進まないということは滅多にありませんでした。教科書は余裕をもって終わるようになっていました。

03 時間節約の方法〜プリント配布のしかた

配布物について

話が前後しますが、生徒に配布するプリントについて紹介をしておきます。配布プリントの概要は次の通りです。

①解説用プリント（B4サイズ、3〜4枚）
②練習問題（B4サイズ、1枚、しばしば両面印刷）
③解答解説（B4サイズ、1枚、しばしば両面印刷）
④リフレクションカード（A4サイズ、個人別、罫線のみ、両面印刷）
　生徒が前回の授業の際に記入して提出したカード。検印を押して返却。
⑤確認テスト（B4サイズ）
　生徒が前回の授業の際に記入し相互採点したもの。検印を押して返却。

このように、多い時は一人当たり7〜8枚のプリントになります。授業形式を変えようとしたときに、不安の一つはこのプリントの多さでした。「毎回、こんなにたくさん紙を使っても良いですか?」と教頭先生に話をしたところ、「あまり気にするほどの量じゃないと思うよ。生徒のためになることなら気にしないでいいよ」との返事でした。これは大変ありがたいことでした。

最近、私のセミナーを受講したある先生は「紙の使用量を制限されているので、これは厳しい……」と嘆きました。そういう学校もあるのです。私はラッキーでした。

配布の仕方

「起立、礼、着席」の時間も惜しい私にとっては、先生が列ごとの枚数を数えて先頭の生徒の机に置いていく配布方法の時間ももったいないのです。この方法だと一枚のプリントが全員に行きわたるのに一~二分かかります。

これを節約するために、プリントを物理室入口付近の机上に配置して、生徒たちは休み時間の間にこれをとって入室するようにしました。

個人別のリフレクションカードは一番上の名前の行が見えるように紙をずらして並べました。これで各自の記入内容はあまり見えませんし、並べるスペースも節約できます。

この方法のメリットは、全員が入室したことがすぐに把握できることでした。始業チャイムの前に「全員がいるから始めましょう」と始めることもしばしばでした。

教室で行う時は、休み時間のうちに先頭の席にプリントを積み上げて後ろに回してもらいました。個別に配布するプリントもボランティアを募って数人の生徒に配布してもらいました。

時間を節約する〜タイムコントロールは集中力をあげる

私は授業中に「早く早く」と生徒を追い立てることは絶対にしません。「時間がもったいないじゃないか」とお説教もしません。なぜかというと心理学の理論がこれが逆効果になることを指摘しているからです。「早くしなさい」という刺激を与えると、生徒が「早く行動する」ようになることを「正の強化」と言います。一見、この正の強化をするために刺激を繰り返すのだから良いことのように思えます。しかし、理論では正の強化が起きると自動的に「負の強化」が起きると言います。つまり、「早く早くといわれない」と「早く行動しない」という結びつきが強くなるというのです。

そこで私は「確認テストは〇時から」と掲示して、その通りに実施します。そうすると生徒たちは自分で時計を見ながら間に合うように取り組みます。集中力も明らかに向上します。授業の開始時刻を守ることも同じことです。追い立てたり叱ったりし

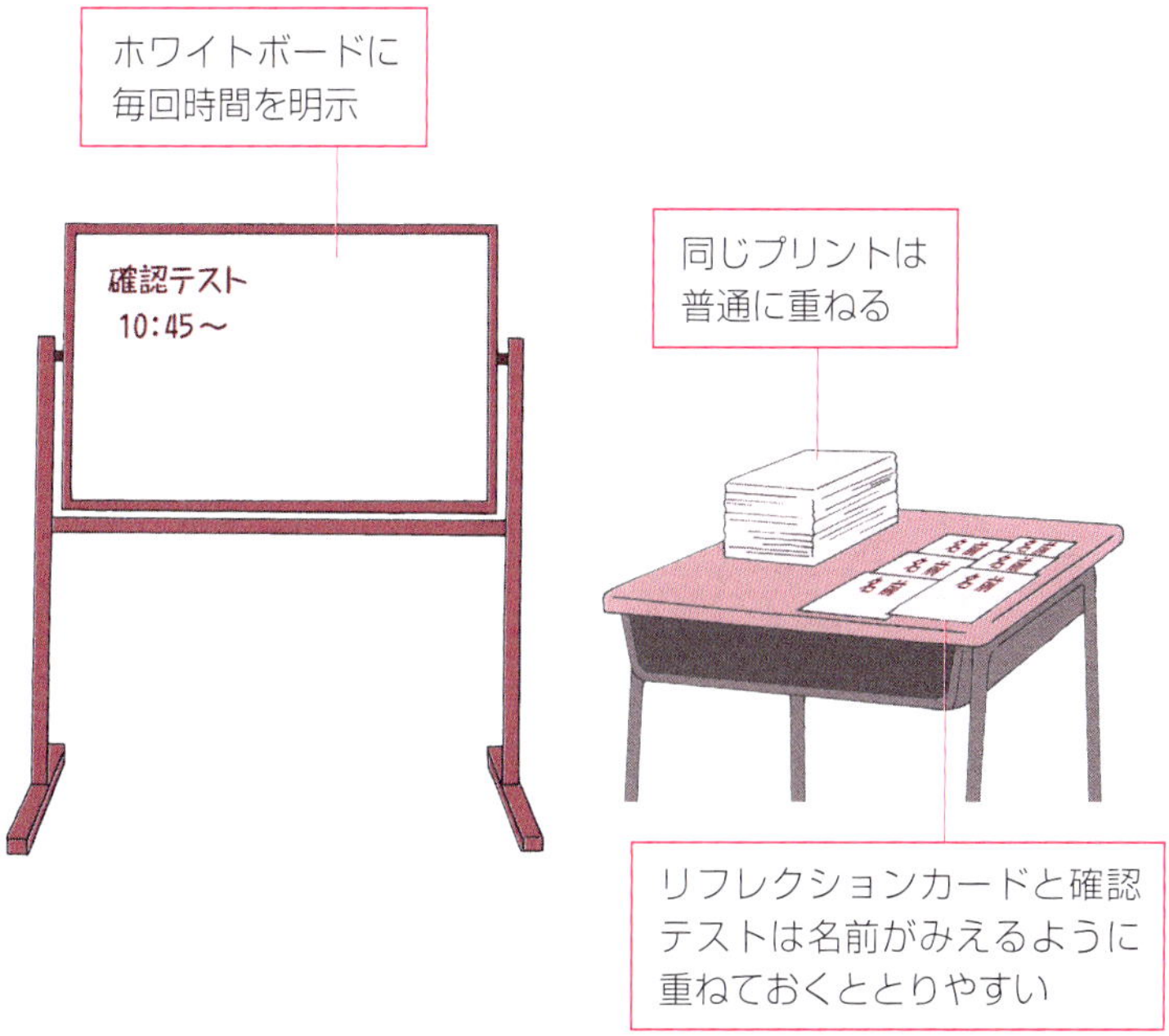
ホワイトボードに
毎回時間を明示
確認テスト
10:45～
同じプリントは
普通に重ねる
リフレクションカードと確認
テストは名前がみえるように
重ねておくととりやすい

なくても、先生が時間を厳守して、常に時間制限を明示して、生徒に課題をさせれば、生徒は時間を守るようになります。その結果が時間の節約になります。私はその時間をたっぷりと問題演習、つまり生徒同士で協力して学習する時間を増やすことにあてていました。

04

最初の15分間の説明で気を付けていること①

授業開始の冒頭に一年間変わらない態度目標を確認し、毎回変わる内容目標を設定してから、最初の十五分間の説明を始めます。この説明には様々なこだわりと工夫があります。

板書・ノートをしない

時間短縮にこれは効果大です。これについてはすでに何度か述べたので省略しますが補足が一つ。スライド送りにはリモコンが有効です。教壇から降りて、生徒の席の間を動きながら説明します。これによって黒板（スクリーン）に死角がなくなります。生徒との物理的距離が近づき心理的距離も縮まります。

必ず15分で終わらせる

時間にこだわります。私が長く話すと生徒の演習時間が減るからです。十五分を超えると眠そうな顔が増えることも大きな理由です。

当初は私も何度も失敗しました。毎回これを実行するのは難しいことです。パワーポイントのスライドのつくり方にも工夫が必要ですが、説明の仕方にも精密さが要求されます。私は次のことを意識しています。

・不必要に繰り返さない。
・「えー」や「あー」などを言わない。
・無意味な大声を出さない。
・乱暴な話し方をしない。（品位を保つ。「です・ます」調で話す）
・意味のない自慢話や思い出話に脱線しない。
・論理と具体を区別し関連させて説明する。
・結論（一般論）→構造→具体の順序、あるいはその逆順を意識する。
・実験やビデオはリハーサルして時間を有効に使う。

以前に教育実習に来た学生は、私のスライドを使って十五分で説明する練習に夜中までかかりました。実を言えばこの授業を始めた当初は私も放課後、締め切った物理室でストップウォッチを使って、何度もリハーサルをやったものでした。ある程度訓練すれば、時間の感覚ができるものです。

役立ったカウンセリング・トレーニング

授業での話し方は十年ほど真面目に学んだカウンセリングの学習が役立ちました。逐語記録をつくる、五十分間で面談を終わらせる、「一文字まで」意識的に話す、などの訓練は辛いものでしたが、とても役立ちました。コーチング等の対人関係技法の訓練も大いに役立つと思います。

また、よく言われていることですが、自分の授業をビデオで撮影して、あとで自分で見るだけでも色々なことがわかります。

短時間の話し合いを入れる

短時間の説明でも、生徒同士の話し合いを一～二回入れます。「このテーマについて知っていることを隣近所で話し合ってください。二分間です」という具合です。

更に、グループに回って「どんなことが出ましたか？」と尋ねて、全体で共有することもします。それだけでも、生徒の興味関心が高まるのが如実にわかります。

生徒の発言を否定しない

この時に的外れな発言が出ることもあります。その対応には気を使っています。

基本的には、「全て受容的に受け止める」「褒められる点はできるだけほめる」を心がけています。「あ、それいいね～」「すごい発想だと思うよ」などです。

05 最初の15分間の説明で気を付けていること②

評価しないで生徒の発言を促進するスキル

いつも「いいね」を言えると良いのですが、言えないと生徒は否定されたと感じます。生徒は先生にほめてもらおうとしたり、正解を出そうとしたりして、先生の顔色を窺い始めます。この雰囲気は自由で活発な発言を阻害します。

そこで私はしばしば、「……とA君は言っていますが、B君はどうですか？」と振ります。B君が「違うと思います」と言えば、全体に質問します。

「……とB君が言っていますが、その根拠は何だと思いますか？」あちこちで話し合いが始まります。

このスキルは推論をさせる手法を応用していますが、生徒たちの自由な発言を大きく促進してくれます。先生の否定的な評価には傷つき易く、友達の意見からは「気づき」が多いようです。

そんなことから気づいたのですが、私たち「教師」は誰かの発言に対して反射的に何か（概ね評価ですが）言わないと気が済まないようです。気を付けたいものです。

聞いていない生徒に注意しない

高校教諭時代に授業見学にいらした方から、「小林さんが説明しているときに、聞いていない生徒もいるのに注意しないんですね」と言われることがありました。それには理由があります。常に重視したのは安全安心の場を維持することです。もし、私が「そこ、うるさいよ。静かにしなさい」と大きな声を出せば、生徒は話を止めるでしょうが、安全安心の場は損なわれ、生徒の学習意欲は低下すると予想していました。そこで次のような対応をしていました。

おしゃべりを注意しない

基本的に私語に対してすぐには注意しません。それは次のように解釈しているからです。

①[※]すでに理解しているから聞かなくても良い。
②友達との間で緊急で重大な事態が発生している。
③何か感情的に高ぶっていて黙っていられない。

※私の物理では次回のプリント全部を配布していました。宿題ではないのですが余裕のある生徒はやってきていました。従って、「聞かなくてもいい」生徒はしばしば出現していました。早く演習の時間に入りたいし、教えたくてうずうずしているのです。

いずれの場合もしばらくすれば（聞く価値のある説明ならば）収束して聞くと思っています。私の授業では三分以内に九割は落ち着きます。注意しないで済むことは注意しないということです。

質問で介入する

更に雑談が続いている時は質問で介入します。

「何か気になることがありますか？」

「このまま私の説明を続けていてもいいですか？」

大半はこれで「あ、すみません」「大丈夫です」などの返事があって収まります。質問が振り返りと気づきを促し、行動変容につながります。叱るより効果的です。生徒の気づく力を促進することにもなります。

選択させる

それでも雑談が続くときはどうするか。一年に一度くらいは次の介入をしました。

「やめられない話があるようですね。授業後に話すことにして、今は授業に集中できますか？授業どころでないなら、相談室に行くか、廊下に出て話しきても良いですよ。

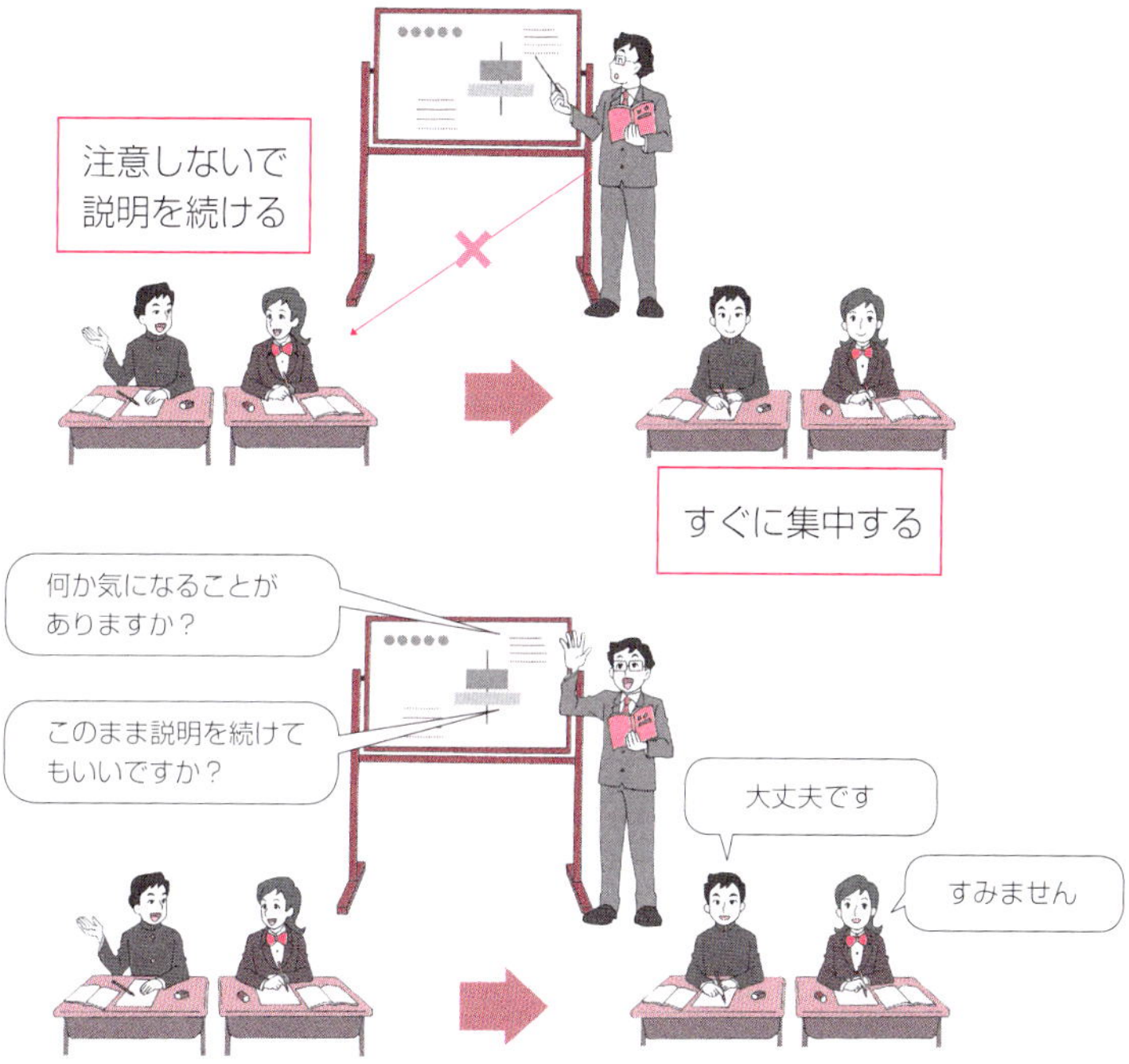

終わったら戻ってきてください。どちらにしますか？」

危機介入の理論から学んだ方法ですが、とても効果的です。ただ、学校のグランドルールとの兼ね合いや生徒の状況、生徒と担当教師との関係性などによって使い方は変動します。

06 問題演習の際の練習問題の作り方

問題の並べ方〜失敗の連続

私がもっとも苦労し、試行錯誤したのは練習問題の選択と配置でした。始めた当初は次のような失敗を繰り返しました。

◎問題が簡単すぎて時間が余る

問題数が少ない場合と簡単すぎる場合です。生徒は話し合う必要もないので、さっさと終わらせて雑談を始めます。仕方がないので物理に関するトピックスを話して時間つぶしをすることもありました。時には、その話も思いつかず、あきらめてそのまま放置することもありました。

◎問題数が多すぎる

六〜七題出したこともあります。生徒たちは熱心にやっているのですが、話し合いは全く起きません。「どうして話し合わないの?」と聞くと、「先生、時間がないから話し合っている暇ないですよ」との返事。話し合いが始まるには物理的・精神的な安心と余裕が必要だと学びました。

◎**難しすぎる**

試しに難しい問題を出してみると、生徒たちは止まってしまいます。懸命に考える生徒はわずかで、大半はすぐにあきらめてしまいます。この行き詰りの時に、解答解説を配ることを思いつきました。難しい問題でも、解答解説があると生徒たちはそれを手掛かりに話し合い、理解しようという気になります。

たどり着いたパターン

試行錯誤の末、次のパターンにたどり着きました。基本は4題。易しい問題から難しい問題へと並べます。一番は大半の生徒が自分一人でできる問題、徐々に難易度を挙げて、最後の四番は大半の生徒が一人では自信をもって解くことができない問題を並べました。

これは話し合いの活性化にも効果的でした。一、二番に取り組んでいるときは、教室は静かです。生徒の集中力を感じます。三番に差し掛かるあたりから徐々に騒がしくなります。四番では確認テストの時間も迫ってくるので、話し声も大きくなるし、立ち歩きも増えます。逆に言えば、この騒がしさの変化に注目することで、問題の選択と配置が適切かどうかもわかります。適切だったときは確認テスト直前は大騒ぎになり、確認テストになればし～んと静かになります。更に、採点の時にはまた騒がしくなり、リフレクションカード記入時にはし～んとなります。

問題作成のツール

しばしば質問を受けるのは、「この練習問題と解答解説、それに確認テストはどうやって作るのですか？すごく大変なのではないですか？」という質問です。これは某教科書会社が販売している問題集のデータベースソフトを使っています。

このソフトは良くできていて、その会社が出版している問題集の全ての問題が収録されていて、その全てに解答も解説もついています。前もって設定しておけばピックアップしたい問題の範囲やレベルを絞り込んで、最終的に選択する問題をマークすればレイアウトまでワンタッチでできるという優れものです。他社にも似たようなソフトがあります。ご使用の教科書会社に問い合わせればわかると思います。こうしてデータ化しておくと翌年の利用に役立ちます。

そこまでできない方には、私も以前にそうしていましたが、指導資料や問題集を紙で切り貼りすることです。以前なら紙で作ったものを保存するのは面倒でしたが、現

（練習問題・オモテ）

練習問題　名前＿＿＿＿＿＿

問１　８～９割の生徒が１人でとける問題

問２　５～６割の生徒が１人でとける問題

問３　２～３割の生徒が１人でとける問題

問４　ほとんどの生徒が１人ではとけない問題

（練習問題・ウラ）

チャレンジ問題

問５　入試試験。授業中に話題にしないこと。やりたい生徒は放課後や自宅で取り組む。

在はコピー機やスキャナーなどを利用してpdfファイルで保存することができます。

毎日が忙しい教員の仕事ですから、時間を節約できる道具をできるだけ使うことが望ましいと思っています。

07 問題演習時のグループへの介入方法

問題演習の進め方

問題演習の時間は次のように始めます。

「以上で今日の説明は終了です。では、問題演習の時間です。○時□分から確認テストをやりますから、全員で百点をとることを目標に頑張ってください。

その際の学習態度の目標は、〈しゃべる・質問する・説明する・動く（立ち歩く）・チームで協力する・チームに貢献する〉です。〈黙っている・じっとしている・黙々とノートをとる〉は入っていません。積極的に動いてください」

教材はほぼ成功したものの

教材の質が授業の質を大きく支えるということは実感できたのですが、しかし、二つの面で悩み続けていました。ひとつは、「もっと深い学びを促進させる方法はないものか」でした。私としては、「もっと質問してほしい」「もっと立ち歩いて議論してほしい」と思うのですが、どう働きかければよいか迷っていました。

もうひとつは、良い教材ができても、全ての生徒がうまく学習できるわけではないということです。グループが苦手な生徒もいます。偶々、その日は落ち着きがない生徒もいます。そんな時にどう働きかければよいかにも考えあぐねていました。

批判・禁止・命令では生徒は動かない

例えば、あるグループは落ち着きがなく、昨日のテレビの話がだらだら続き、練習問題が進まない状況にあるとします。私たち教員の普通の対応は次の通りです。

「よけいな話ばかりしてダメじゃないか！（批判）」

「もうその話はやめろ（禁止）」

「さっさと問題を解け（命令）」

私も以前はそうしていました。しかし、新しい形式にしてからは、その方法では生徒の安全安心の場が崩れ、主体的な学習の意欲はあっという間に減退するだろうと恐れていました。批判でも禁止でも命令でもなく、生徒たちを気持ちよく、より良い行動に向かわせる方法やスキルはないものか？どう言えばよいのか？悩み続けました。

質問による介入が成功した

この問題にはかなり悩みました。結果的には「質問による介入」を編み出し、かなりうまくいくようになりました。次のように、各グループに同じ質問で介入します。

「チームで協力できていますか？」

「確認テストまであと十分ですが、順調ですか？」

「確認テストまであと五分ですが、順調ですか？」

二番目と三番目はタイミングが異なるだけですが、二回働きかけることに意味があります。非常に興味深いことに、グループ学習で多くの先生たちが懸念されている問題の大半は、この三種類の質問で解決してしまいます。

生徒のSOSにも質問で介入

前述の質問以外に「質問できていますか？」「おしゃべりしていますか？」「チームに貢献していますか？」なども適宜織り交ぜます。

「先生、僕たち誰もわかんない」と言われた時も質問で答えます。

「そうなんだ、そんな時はどうすればいいと思いますか？」

質問による介入の定番質問

・チームで協力できていますか？
・確認テストまであと10分ですが順調ですか？
・確認テストまであと5分ですが順調ですか？

「え？」

「態度目標の中にヒントはないですか？」

「あ、立ち歩くかな？ほかのグループに行っていいですか？」

「どうぞ。試してください」

　ここで説明しました「グループの介入方法」については、本章の10～13節で詳しく論じましたので御覧ください。

08 振り返り

振り返りの構成

最後の十五分間を次のように構成しました。

「確認テスト」→「相互採点」→「リフレクションカード記入」。

全体の狙いは二つの側面があります。ひとつは学習内容についての定着と振り返り、もうひとつは学習態度の振り返りです。両者とも授業中の体験を振り返るとともに、その後の学習計画を意識させることを狙いとしていました。次項から、その構造を述べます。

確認テスト

確認テストにはその前の問題演習で出題していた四～五題のうち二題をそのまま出題していました。その狙いと効果は後述します。

相互採点

確認テストが終わるとグループ内で答案を交換して相互採点をします。採点方法は次の通りです。

①正しい答案には丸をつける。

②間違えていたら直してあげて丸をつける。

③途中までなら、そこまでが正しければ丸をつける。

つまり大半が100点になります。そこで「大きな100点と派手な花丸をつけて返す」ことにしていました。この方式の狙いと効果についても後述します。

リフレクションカード記入

採点が終わり、答案が戻ってくると、生徒はリフレクションカードを記入します。リフレクションカードに書く内容は概ね固定していました。次の三つの問いです。

A「学習態度（しゃべる、質問する、説明する、動く、チームで協力する、チームに貢献する、全員で100点をとる）に沿って活動できましたか?それによって気づいたことは何ですか?」

B「学習内容についてわかったこと、わからなかったことは何ですか?」
C「その他、意見、要望など」
リフレクションカードの形式は二転三転しましたが、最終的にはA4用紙両面に罫線を印刷し、生徒は「日付を記入しその下に、ABCについて記述する」形に落ち着きました。最後は確認テストとリフレクションカードを提出して退室させます。

「振り返り」の重要性

何度も提示しているコルブの経験学習モデルは「体験する」→「振り返る」→「気づく」→「再計画する」→(体験する)……とつながります。授業を受け、話し合いをし、確認テストと採点までは「体験する」です。ここからが大事です。その体験を振り返って、様々な気づきを得てもらうことが、彼らの次の時間の学びにつながるからです。その振り返りのきっかけは、「質問」です。リフレクションカードの質問が生徒たちの振り返りを促しています。

振り返りは行動計画を促す

多くの場合、生徒たちは気づきとともに次の行動計画を書いてきます。「友達に教えてもらって簡単に理解できた。次も積極的に質問しようと思った」「今日はあまり質問できなかった。次は頑張る」「今日はみんな元気がなくてチームで協力できなかった。次はみんなで頑張りたい」……という具合です。

リフレクションカードイメージ
（A4・両面・経線のみ）

時間がなくても省かない

ＡＬ型授業を実践している先生方は増えてきましたが、しばしば「振り返りは時間に余裕がなくてしていません」とおっしゃいます。私は説明を減らしたり、問題数を減らしたりしてでも、振り返りを入れた方が効果があるのになあ……と残念に思っています。毎回の振り返りによって生徒の「学び方」が確実に成長します。この「学び方を学ぶ」ことこそ最も大事なことだからです。

09

確認テストの構造

確認テストは同じ問題

確認テストにはその前の問題演習で出題していた四〜五題のうち二題をそのまま出題していました。これには次の狙いがありました。

①新しい問題だと解くのに時間がかかり、行き詰ったり間違えたりして自信をなくす可能性が高い。

②同じ問題だと比較的安心して取り組むことができる。

③同じ問題でも、図を書く、説明を書く、公式を示し、計算過程を書き込むことで答案練習の効果は高く、論理的思考訓練にも役立つ。

このことを生徒たちは理解していたので、確認テストが始まると、教室はしんと静まり返ります。先ほどまでの問題演習で教室中が騒然としていたのが嘘のようになります。私は「じゃ、時間だから確認テストを配ります。何も見ないでチャレンジしてみてください」というだけです。「話をやめろ」「静かにしろ」と言ったことは全くないにも関わらず生徒が確認テストに集中するのは、それに価値を感じていたからです。授業見学に来ていた人たちが驚く瞬間でもありました。

同じ問題を解く価値

しばしば同じ問題を解く意味がないという意見を聞きます。私は少なくとも物理においては、論理的に明確な答案をきちんと二～三回書くことには大きな効果があると確信しています。最大の理由は「思考力を身に付ける過程では思考形式を身に付けることが不可欠」だからです。その思考形式は言語を媒介にする以外に判断できません。つまり、書くか話すことが不可欠ということです。

物理の答案はミニ論文

物理の答案形式は常に次の構成になります。

①問題の構造を示す図か説明文の提示
②適用する法則や公式の提示
③計算を始める前の一般式か方程式の提示
④計算過程の提示

⑤計算結果についての物理学的視点からの吟味過程の提示

この形式が科学的思考のミニマムな形式の一つです。これを最初から最後まで一人で書くということに思考力訓練の意義があります。そのために同じ問題を出題していました。

みんな満点にする理由＝物理嫌いをつくらない

前述のような採点方法ですから、ほとんど全員が満点になります。その理由について述べます。名刺交換をして私が物理担当だったと知ると、「物理は苦手だったんです」と多くの方は話し始めます。その理由を次のように続けられます。「赤点でした」「30点以上とれませんでした」「生涯初めての零点は物理でした」……。要するに点数が悪かったので嫌いになったということです。そこで私は「点数が良い」→「物理を嫌いにならない」→「物理がわかる」にしようと思ったのです。

生徒たちは授業終了時には確認テストを提出します。教卓で待っている私に直接出してもらいます。みんな100点ですから、にこにこしながら提出してくれます。「ばっちりです！」「間違いは直してもらったけど……100点です」「まだ、わかんないところあるから勉強します」などと私に話しかけてくれます。

生徒を傷つけない
↓
授業に来るのが好きになる
↓
物理が「わかった！」を体験する
↓
物理が好きになる

大人向けの研修会でもみなさんが「100点、花丸」に笑顔になります。「こんな授業を受けていたら人生が変わっていたかも」とおっしゃいます。「点数が良い」→「物理に興味を持つ、好きになる」が実現しています。

正確な理解より関心意欲

物理の先生たちは「正確で緻密な理解」を生徒に求めがちです。最終的には必要かもしれませんが、導入時にはそれ以上に関心・意欲を高めることが大事と私は考えていました。

10 グループワークについて① 放任型の問題点

第7節でグループワークの際の介入方法を簡単に述べましたが、これについては研修会で質問が集中するところです。改めて、ここからの最後の4節は、このグループへの介入方法やグループ分けについて論じることにします。グループへの関わり方は、概ね「放任型」と「干渉型」に分けられそうです。

「放任型」とは生徒にグループワークを指示したら、基本的に任せてしまう方法です。騒がしいグループがいても、黙っているグループがいても、何も働きかけない方法です。

それに対して「干渉型」は先生がグループに頻繁に声を掛ける方法です。私はどちらにも問題があると捉えています。まずは放任型の問題点を取り上げます。

「放任型」の問題点

放任型は時間が来るまでは生徒に任せてしまうやり方です。それでうまく行けばよいのですが、いつまでも余計なおしゃべりを続けていて課題が進まないグループに対しては為すすべもなく時間が経過してしまいます。沈黙が続くグループも同じことです。これが続くと、グループワークは全体として機能不全に陥ってしまいます。それくらいなら、講義の方がましだという意見も出てくることになります。

指導している先生もよほど無責任でない限り、どこかで「これではダメだ」と生徒たちを注意することになります。ひどい時には先生が爆発します。「お前たちなにやっているんだ！もっときちんと話し合え！」という具合です。こういうときにはため込んでいた怒りが噴出します。以前の事柄も取り上げて叱る「ダム型」のお説教になりがちです。当然、生徒たちは下を向いて黙って聞いていることになります。そして、「じゃ、ちゃんとやるんだぞ」と言って、また放任型の指導になります。

すると、今までより生徒たちは活発に話し合うようになり、お説教の効果があったように見えます。しかし、それは「先生に叱られないように、うまくやろうとしている」だけなのではないでしょうか？

雑談が続いているグループを先生がちらっと見ると、「おいおい、やばいよ。叱られないうちにやめようぜ」と生徒は行動を修正しているのではないでしょうか。そうだとしたら、学習の目的が変質している気がします。生徒たちは一度叱られると深く傷つきます。それを痛感させられた体験があります。

10　グループワークについて①　放任型の問題点

「先生、本当でしたね」

ある年の三月。年度の最後の授業後に二年生の女子が物理準備室にやってきました。

「先生、一年間ありがとうございました。私、先生に謝りにきました」

「え？何かあった？」

「いえいえ。先生、四月に『私は怒鳴ったりしないから、何でも質問していいよ』って言ったじゃないですか」

「うん。毎年言います」

「私、先生が怒ったりしないというのは嘘だと思っていました。だって、小学校からずーっと先生たちは四月の最初は優しいけど、いつかどこかで怒鳴るんですよね。今までの先生で怒らなかった先生はいなかったから。だから、小林先生もきっといつか怒るに違いないと疑っていました。でも、本当に一度も怒鳴ったりしなかったですよね。びっくりしました。疑っていてすみませんでした」……


うれしい出来事でした。同時に彼女は一年間、安全安心の場にいなかったのだと愕然としました。一度でも怒鳴れば生徒の安全安心の場は崩れると痛感した出来事でした。放任型の指導の大きな問題点です。

放任型の問題点

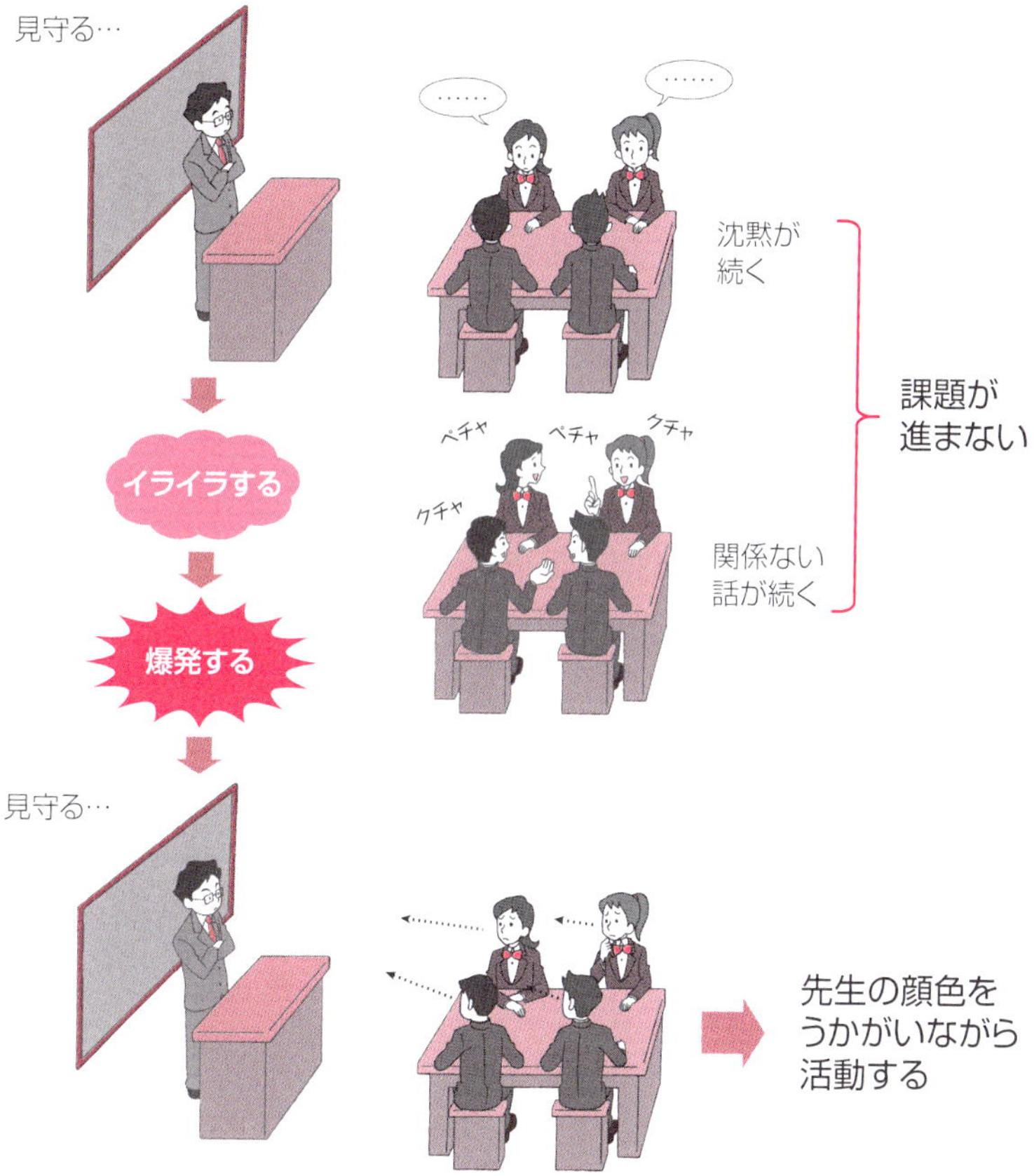

主体的な学習にならないかも…

11 グループワークについて②
干渉型の問題点

グループワークの際に頻繁に生徒に声を掛ける「干渉型」の問題点についてです。

干渉型の先生は生徒がグループで話し合っている時に、あれこれと関わります。

「おお、頑張っているね」

「早いね。さすがだよ」

「おいおい、テレビの話はその辺にして課題を進めようね」

「うん?ああ、それはね、こうやればいいんだよ」

ほめたり、注意したり、わからないことを教えたり……です。これには何の問題もないと感じる方も多いと思います。実は私も最初はこの形に近いことをやっていました。でも、私は疑問を感じ始めました。

評価・激励で生徒は動く?

教師がほめたり、批判したり、注意し続けて生徒の学習が進むとしたら、これは問題かもしれないと思いました。「教師の評価や激励があるから学習できる」という正の強化が起きると、同時に「教師の評価や激励がなければ学習しない」という負の強化が起きると心理学で学びました。それなら、学習させ続けるには、教師の私は評価を休む間もなく続けなくてはならなくなります。これは悪循環だと不安になりました。

支援は依存を助長？

特に問題だと感じたのは、生徒が物理の問題の解き方について質問して、私がそれに答えるということが続いた時でした。あるグループに近づくとA君が「先生、ここがわからないんです」と質問します。私がそれを説明して別のグループに移動すると、B君が「先生、二番はどうやるんですか？」と質問します。私がそれに答えるとまた別のグループのC君が同じような質問をする…という具合です。私はこのとき、「これはグループワークではなく、グループ別の個別ティーチングだ」と感じました。つまり私が物理の内容の質問に答えると生徒の依存性を高めてしまうということです。

他の問題も起きてくることがわかりました。ひとつは質問した生徒の集中力が低下しやすいことです。なぜか。質問した一部の生徒は友達の前で先生に教えてもらっているので、恥ずかしいのです。早く「わかりました」と言いたくなります。焦ります。焦るほどに集中できずにわからなくなるということが起きます。

また、チーム形成上の問題も起きます。それは、友達が先生に質問してしまうと同じグループの生徒たちはがっかりしてしまうことです。チームのみんなに質問してくれれば、みんなで考えることができるのに、そのチャンスを奪われてしまうのです。

更に、先生に質問した生徒は、先生に説明してもらってわかると、次も先生に質問して友達に質問しなくなります。これでは私が設定した「態度目標＝（友達に）質問する、（友達に）説明する、チームで協力する……」が揺らいでしまいます。

教師の本能に矛盾？

これらに気づき始めた時、私は動きが取れなくなりました。困っている生徒に支援するのは、教師のいわば本能です。質問されたら答えるというのは教師の条件反射のようなものです。だから教師になったといっても良い特質です。まして物理を語るのは大好きな私ですから、それをやめるのはとても辛いものがありました。

どうしたものかと悩んでいた時に大きなヒントになったのが、「アクションラーニング」でした。アクションラーニング・セッションの時、コーチは質問だけで介入します。質問だけで場をつくり、支え、動かしていくのです。私はこれをヒントにＡＬ型授業でも「質問で介入」してみようと考えたのです。

干渉型の問題点

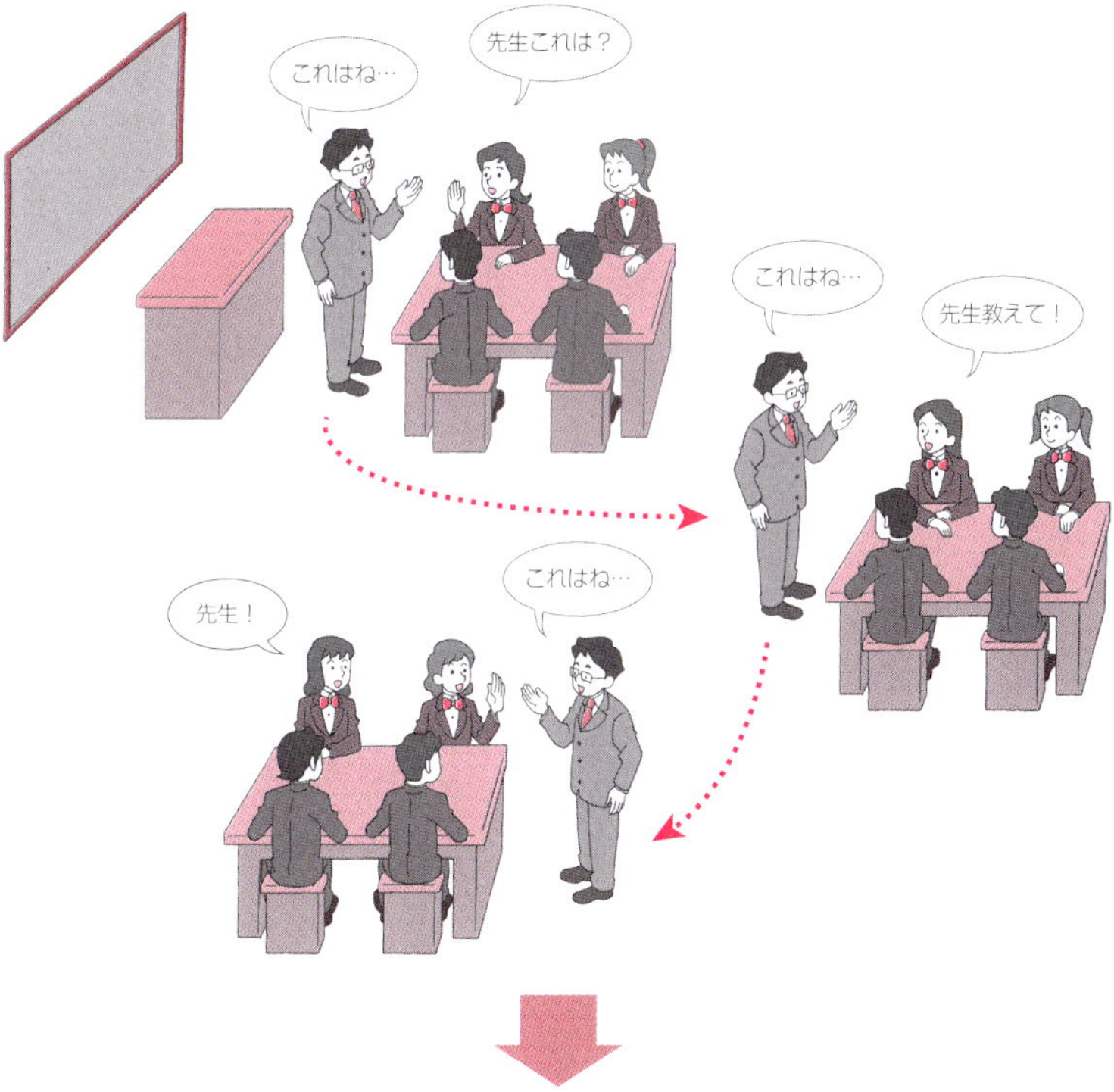

グループワークをさせているけど
あちこちに教える

生徒の依存性を高め、チーム力を減退させる

12 グループワークについて③「質問による介入」の効果

「アクションラーニング」のコーチが質問で介入するのは、チームとメンバーにコルブの経験学習のサイクルが実現するようにするためです。私はＡＬ型授業で「質問による介入」を実践することで、そのことが実によく理解できました。

質問されると自動的に振り返る

コルブの経験学習モデルは、「体験する」→「振り返る」→「気づく」→「再計画を立てる」→「体験する」……とつながります。この「振り返り」のきっかけをつくるのが「質問」です。

前述したように私の定番の質問のひとつは「チームで協力できていますか?」です。この質問をすると生徒たちは必ず左右を見渡します。先生たちに研修会で授業体験をしてもらっている時にも、この質問で「生徒役の先生たち」はやはり左右を見渡します。これは、「チームで協力していたかな?」と自分や自分たちを振り返っているのです。すると、今までほとんど互いに話し合っていなかったことに「気づき」ます。

コルブの経験学習モデル

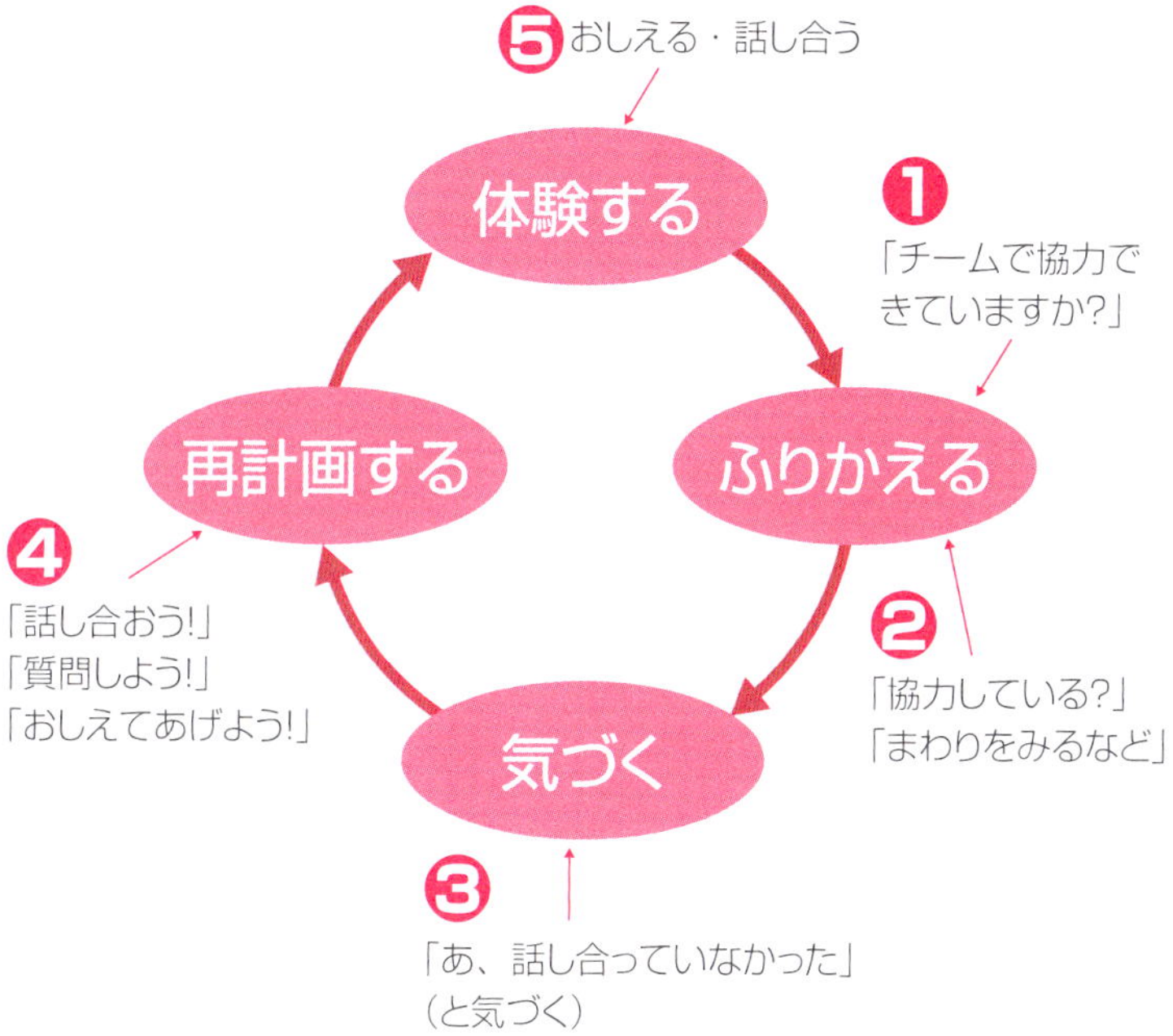

❺おしえる・話し合う
体験する
❶「チームで協力できていますか?」
ふりかえる
❷「協力している?」「まわりをみるなど」
気づく
❸「あ、話し合っていなかった」(と気づく)
再計画する
❹「話し合おう!」「質問しよう!」「おしえてあげよう!」

その結果、「あ、これからやります」などの返事が出てきます。「再計画を立てる」ということです。隣の席の人が白紙同然だったのに気が付いて、すぐに「あ、気づかないですみません。教えてあげますね」と動き出す人もしばしばです。

質問されたことを忘れる？

研修会では先生たちに授業体験をしてもらったあとで、私は次の質問をします。
「今、私は全てのグループに回って同じ声掛けをしました。何と言っていたか覚えていますか？」

この質問にほとんどの人が答えられません。「何か声かけられたのは覚えているんだけどなあ～」という声があちこちで聞こえます。もちろん、その答えは「チームで協力できていますか？」「確認テストまであと十分ですが、順調ですか？」などです。

なぜ忘れるのか？私はこう考えています。振り返った時に、「あ、チームで協力していなかった！教えてあげなくては！」「あ、このままでは時間が足りない。急がなくては！」という「気づき」の印象が強烈なので、質問されたことを忘れるということです。生徒たちも同じです。そしてこれが大きな効果をもたらします。

「自分たちでできた！」と自信をもつ生徒たち

　私はしばしば研修会で伺った学校で物理授業を実践して見せています。その時の生徒たちの感想を読んで担当の先生がブツブツ言うことがあります。「うちの生徒たちは失礼だなあ。小林さんにお礼を書いている奴が一人もいないよ」という具合です。でも、私にとって、これは最高のほめ言葉です。生徒たちは「チームワークの勝利！全員で百点取れた！」「○○君の説明がわかりやすかった。○○君ありがとう」「みんなで話し合うと難しい問題も解けた。これからもみんなで協力したい」などと書いてきます。

　生徒たちはみんなで協力して自分たちで「全員、百点」を実現したという喜びと自信を持ちます。それが、次の授業への意欲になります。先生を頼らなくなります。私が越ヶ谷高校で授業をしている時の三年生ではそれが顕著でした。物理の練習問題の内容について、問題演習の時に私に質問する生徒はほとんどいなくなっていました。自信がつくと自分で、自分たちで、主体的に学習を始めるのです。毎年、その様子を見ながら、私は生徒たちが着々と成長しているのだと感心していました。質問による介入はとても大きな効果をもたらすと確信しています。

13 グループワークについて定説はまだない?!④

グループワークの介入の仕方については、私にもまだわからないことがたくさんあります。「放任型」と「干渉型」の両方を批判しましたが、そう簡単に否定できないことも感じています。また、これはグループ分けの方法とも関連があると思われます。更には、クラスの人数や生徒の学力やクラスの雰囲気などの要素も影響しそうです。

グループへの介入は発達段階に左右される?

私は「放任型」を否定しましたが、三年生の物理授業の中ではほとんど「放任型」になっていました。生徒たちは私の授業パターンに慣れていますから、「チームで協力できていますか?」と介入するまでもありませんでした。生徒同士でしばしば「おーい、チームで協力しようかあ」「○○君、少しはチームに貢献しろよ」などと言い合っているほどでした。

その一方で、二年生の四月・五月には、私はかなり「干渉型」の介入をしていました。それはまだ生徒たちが「新しい授業形式」に慣れないからです。黙々と練習問題を解いていたり、鉛筆を持ったまま固まる生徒もいます。そういう生徒たちに「質問できていますか?」「解答解説を参考にしていますか?」「時々は時間も見てね〜」と頻繁に介入していました。

更には、質問したり説明したりしている生徒たちの脇について、「今の説明は教科書のどこに書いてあるのか質問してみたら?」「どうしてそんな計算ができるのかって質問したら?」「その図の、この矢印の意味は何?って聞いてみたら?」などと細々と介入することもあります。私の意図は「質問のモデルを見せる」ことでした。

つまり、干渉型と放任型のどちらが正しいか、自分はどちらを採るのだと割り切ることではなくて、それぞれが効果を持つ条件を意識しながら使い分けていくことが大切なのだと思います。その中で重要なのは「生徒の成長」や「グループとしての成長」の段階によって変化させていくことです。

生徒やチームの発達段階に合わせて変化させていくというだけではなく、先生の上達段階によって変化させることも必要だと感じています。初任の先生は意識的・計画的に介入し、ベテランの先生たちは状況に応じて臨機応変に変化させていくなどです。

13 グループワークについて④ 定説はまだない?!

一般解を求めない

グループへの介入方法はグループの分け方とも密接な関係がありそうです。私の介入方法が成功している背景には、「席は自由」にしていることがありそうです。成績などでチームを分けてしまうと、生徒はそのグループに入った途端に「私は教えてもらう人」と理解してしまい、積極的にならないという意見があります。かなり説得力があります。しかし、成績順にグループ分けをしたらうまく行ったという報告もあります。くじ引きでやった方がうまく行くという人もいます。様々な要素も複雑に関係しているために、法則性が見えにくく、定説がなさそうです。

では、どうするか。私は実践者に必要な態度は「一般解を求めない」ことだと捉えています。私たちに必要なのは「目の前の生徒たちを大切にして」、彼らに役立つ授業を創り出し、実践することです。その導きの糸は「生徒たちの声」です。

みなさん、目の前の生徒たちを大事にしながら、様々な方法にチャレンジしてみてください。私がこの本で述べてきたことが、みなさんの実践のヒントになれば幸いです。

実践者に大事なのは「目の前の生徒」

個別解・特殊解でよい
一般解は求めない

多くの実践の積み重ねと分析が、いずれ「一般解」が見つかる。
しかし、今は試行錯誤の段階！

失敗を恐れず、チャレンジしましょう!

あとがき

この本は「日本教育新聞」紙上に「アクティブラーニングが授業を変える」と題して二〇一四年三月から二〇一五年二月まで一年間四十二回にわたって連載した原稿を基に、大幅に加筆修正して作成したものです。そのきっかけをつくっていただいた日本教育新聞社の長木智子さんにまずはお礼申し上げます。ほぼ毎週の連載は、新しく大学に籍を置いて仕事を始めたばかりの私にとっては、かなりしんどいことでした。それが何とか続いたのは、長木さんの丁寧なフォローアップのおかげでした。

当初、半年間の連載予定が「好評だ」ということで一年間に延び、その後半に「アクティブラーニング」が新学習指導要領の諮問に盛り込まれるというビッグニュースが飛び込んできました。読者の方からの感想や質問も次々に寄せられました。研修会講師に出かけた先で、「読んでいます」とコピーを綴じ込んだファイルを見せてくださった方も何人もいました。うれしいことでしたし、時代が変化しつつあることを感じさせられました。

そうした流れを受けて、産業能率大学出版部で本を出すことになりました。実は産業能率大学は全国に先駆けてアクティブラーニング型授業の実践的研究の場を提供してきました。二〇〇七年以来開催し続けてきた「キャリア教育推進フォーラム」がそれです。昨年（二〇一四年）には東京・自由が丘会場には三百人、名古屋会場には百五十人を集める大盛況ぶりでした。

　第一回と第二回はキャリア教育に関する情報交換が主だったのですが、第二回に「学校行事や総合的な学習の時間などの特別な時間だけでキャリア教育を実施しても不十分だ。国語や英語などの教科科目の授業をキャリア教育にするべきだ」という議論になり、「第三回にはそういう授業を見学して議論をしよう」ということになりました。

　その第三回にライブ授業を担当したのが、「現代文ワークショップ」を開発・実践している河合塾の成田秀夫さんと、当時埼玉県立越ヶ谷高校教諭だった私でした。それ以来、このフォーラムはアクティブラーニング型授業をテーマにして続いてきました。このプロデューサーが産業能率大学入試企画部長の林巧樹さんです。

　私はその後、林さんの依頼を受けて、第四回以降のフォーラムにも毎回参加し、発表をしたり、ファシリテーターを務めたりしました。フォーラムとは別に開催している「アクティブラーニング実践セミナー」の講師も務めました。それらの活動の延長線上で教授に就くことになったのですから、林さんには頭が上がりません。この場を借りて改めてお礼申し上げます。

　その林さんの構想では、この本は五冊シリーズで出すことになっています。この一冊を書くだけでも青息吐息の私にとってはとんでもないことのような気もしますが、新聞連載で論じたことで、ここに収録できなかったこともたくさんあるのは事実です。

例えば「授業改善と組織開発」「授業研究の方法や振り返り会の方法」「教師のスキルアップの方法」「アクションラーニングとアクティブラーニング」などです。順調にいけば、このあと順次執筆していきます。ご期待ください。

長木さんと林さん以外にも、本当に多くの皆さんにご迷惑をかけ、温かく支えていただきながら、この本が完成しました。お一人お一人のお名前を挙げることは控えますが、深くお礼申し上げます。

ＡＬ型授業の広がりは、この原稿を書いていた二〇一四年十二月から二〇一五年の二月にかけて、沖縄から北海道まで移動しながら全国各地で様々な動きが始まったと感じています。これからますます大きな動きになることと思います。現場の皆さんのますますのご活躍を期待します。その動きの一翼を担えるように私も研鑽し続けていきたいと思っています。これからもよろしくお願いします。

二〇一五年四月　小林　昭文

著者略歴

小林　昭文（こばやし　あきふみ）

埼玉大学理工学部物理学科卒業。空手のプロを経て埼玉県立高校教諭として25年間勤務して2013年3月に定年退職。

高校教諭として在職中に、カウンセリング、コーチング、エンカウンターグループ、メンタリング、アクションラーニングなどを学び、それらを応用して高校物理授業をアクティブラーニング型授業として開発し成果を上げた。

退職後、河合塾教育研究開発機構研究員（2013年4月～）、産業能率大学経営学部教授（2014年4月～）などの立場で実践・研究しつつ、年間百回前後のペースで高校等の研修会講師を務めている。

E-mail : akikb2@hotmail.com

表紙協力　キャリアガイダンス編集部

キャリアガイダンス vol.405では、本書と同様に多くの実践例、アクティブラーニングに関する考察が記載されています。ぜひこちらもご参照ください。
http://souken.shingakunet.com/carrer_g/career_g/

アクティブラーニング入門
── アクティブラーニングが授業と生徒を変える ──　〈検印廃止〉

著　者　小林 昭文
発行者　飯島 聡也
発行所　産業能率大学出版部
東京都世田谷区等々力 6-39-15　〒158-8630
（電話）03（6432）2536
（FAX）03（6432）2537
（振替口座）00100-2-112912

2015年　4月30日　初版1刷発行
2016年　1月15日　8刷発行

印刷所　日経印刷　製本所　日経印刷
（落丁・乱丁はお取り替えいたします）　ISBN 978-4-382-05723-4